创业创新培训教材

EMPLOYEE PROFESSIONALISM

# 员工职业素养



封智勇　余来文　於　天　王　勇◎编著

**职业化是21世纪的第一竞争力**

职业化的员工:要么成为专家，要么成为管理者

**职业素养+职业能力=职业化员工**

良好的职业素养是衡量一个职业人成熟度的关键指标

中国劳动社会保障出版社

**图书在版编目（CIP）数据**

员工职业素养/封智勇等编著. -- 北京：中国劳动社会保障出版社，2019
创业创新培训教材
ISBN 978-7-5167-4062-0

Ⅰ. ①员… Ⅱ. ①封… Ⅲ. ①职工-职业道德-职业培训-教材 Ⅳ. ①F272. 92

中国版本图书馆 CIP 数据核字（2019）第 089186 号

**中国劳动社会保障出版社出版发行**
（北京市惠新东街 1 号 邮政编码：100029）
*
三河市华骏印务包装有限公司印刷装订 新华书店经销
787 毫米×1092 毫米 16 开本 16 印张 203 千字
2019 年 6 月第 1 版 2021年12月第 3 次印刷
**定价：49.00 元**

读者服务部电话：（010）64929211/84209101/64921644
营销中心电话：（010）64962347
出版社网址：http://www.class.com.cn

# 前　言

在竞争日益激烈的当下，企业要想长远发展，必须具有持续竞争力。持续的竞争力来源于高素质人才，而高素质人才的培养与员工职业素养培养密不可分。有许多世界 500 强企业坚持把对员工基本素质与职业素养的培训作为长期的系统工作，员工的职业素养和专业技能对企业的经营管理有着制约性影响。员工素质的高低，直接影响企业发展战略是否行之有效，也直接影响企业核心竞争能力的发挥。这就要求企业必须训练出一批素质超群、思维敏捷、执行力强的员工。位列世界 500 强的企业非常重视员工的能力素质，并将其作为判断员工潜力的标准。能力素质，即企业为了实现其战略目标、发挥核心竞争力，对员工的职业素养、能力和知识提出的综合要求。如：智能水平、工作主动性、人际关系等。2018 年《财富》杂志世界 500 强榜单公布，最新中国（含港澳台）上榜企业共计 120 家，仅次于美国的 126 家，位居第二，且远超于第三位日本（52 家）。伴随着越来越多的中国企业跻身于世界 500 强，职业化水平不断提高，高素质人才自然成为当下的一大刚需。因此，对员工职业素养的培养刻不容缓。因为只有培养出越来越多的高素质员工，才能打造越来越多的世界级企业。

有鉴于此，《员工职业素养》不仅对许多来自中国的世界 500 强企业以及优秀的高素质人才的案例进行剖析，而且还加入了许多与职业素养相关的心理测试和职业活动训练。同时，面向“90 后”这一职场新势力，致力于培养他们的基本职业素养，为他们提供指导和帮助。可以说，在企业职业化水平不断提高的当下，职业素养已成为职业人必须修炼的内功心法。《员工职业素养》内容主要包括，职业化概述、职业意识与职业心态以及职业责任、职业道德与职业精神，沟通能力、团队合作能力、适应能力、解决问题能力、学习能力和创新能力。

该教材以职业化为导向，以职业素养提高为主线，主要面向企业员工、经济管理类专业人才和企业中层管理人员，同时还可用于对新招员工的企业内训。

该教材具有如下几大特点：第一，以高素质人才培养为出发点进行编写，对员工的职业化培养进行全面系统的阐述。第二，以理论加案例的方式展开编写。重案例引导，轻理论讲授，将身边发生的事情、人物事迹以精彩案例分享的形式逐渐展开，以这种方式对读者进行启发式教育，让读者有所思有所悟。第三，选题新颖，案例具有典型性。比如阿里巴巴彭蕾的成长经历、学诸葛亮做出色的职业经理人、史上最成功的唐僧团队、阿里巴巴蔡景现的解决问题能力、北大才女刘媛媛的超强学习能力、美团王兴的学霸型 CEO 如何炼成等。这些都是中国职业人或企业团队发展及运营的代表性案例。第四，富有时代气息，内容新、观点奇、案例多。以新颖生动的观点和案例反映当前职业化的最新成果，捕捉当前的热门话题，探究职业素养这一个老生常谈的旧话题。

《员工职业素养》教材由封智勇、余来文、於天、王勇编著。同时，广东省顺德职业技术学院王璐、广州南洋理工职业学院车国彩、李凤亮等参与了本教材相关章节的编写工作。各章编写人员如下：第一章，封智勇、余来文；第二章，李凤亮、王勇；第三章，王璐、李凤亮；第四章，余来文、於天；第五章，於天、王勇；第六章，车国彩、封智勇；第七章，车国彩、余来文；第八章，余来文、封智勇；第九章，王勇、封智勇。

限于编者学识水平，书中错漏之处在所难免，恳请各位同仁及读者指正。

# 目　录

# 第一章
# 职业化概述

职业化是中国企业发展的核心竞争力，同样也是员工个人的核心竞争力。

——张维迎

## 学习要点

☆ 职业内涵

☆ 员工的职业化过程

☆ 如何做一名成功的职业人

## 案例

### 阿里巴巴彭蕾：从月薪500元飙升至身价400亿

彭蕾，阿里巴巴18名创始人与合伙人之一，曾任阿里巴巴集团（以下简称“阿里”）市场部和服务部副总裁、首席人力资源官、蚂蚁金融服务集团（以下简称“蚂蚁金服”）董事长。20年前，28岁的彭蕾放弃大学教师工作，跟着丈夫孙彤宇来到初创的阿里巴巴，每个月只领500元工资。在阿里巴巴，她做了10年人力资源管理（HR），一手打造了阿里巴巴价值体系，挖掘了阿里巴巴首席技术官（CTO）王坚、副总裁童文红等人才。39岁时，彭蕾出任支付宝首席执行官（CEO）；42岁时，她出任蚂蚁金服CEO；现在，蚂蚁金服的估值已经达到1 000亿美元（6 300亿元人民币）。在阿里巴巴内部，彭蕾的声望极高，被称为“女版马云”。2018年4月9日，彭蕾正式卸任蚂蚁金服董事长一职。现任阿里巴巴资深副总裁。

**一、把老板的决定变为最正确的决定**

大家都知道马云“爱吹牛”，但他吹过的不少“牛皮”最后都成真了，这其中少不了彭蕾的功劳。彭蕾曾说：“无论马云的决定是什么，我的任务都只有一个，帮助这个决定成为最正确的决定。”

阿里巴巴创业之初，彭蕾担任阿里巴巴的HR，管钱管人管市场，马云有什么想法，她就得想方设法去实现。譬如，当时马云的价值观可谓标新立异，“独孤九剑”“六脉神剑”这样的全新概念层出不穷，听起来头头是道，可想要落实却抓不到头绪。但彭蕾对此没有怨言，她对这些概念逐条进行琢磨，将其具体化、操作化并落实到位。

例如，“六脉神剑”中提出的“团队合作”，彭蕾就将其规定为“有意见开会说，开完会埋头干，免得当面没意见、背后牢骚多”。“客户第一”就是要把客户当成衣食父母，积极为客户解决问题，站在客户立场思考问题。“诚信”就是言行一致，不受利益和压力的影响。

好不容易弄完这个，马云又有新想法了，当时马云刚看完电视剧《历史的天空》，觉得企业在人力资源管理方面可以学习军队的思想政治工作方法，于是他授意彭蕾也要在企业里设“政委”。这种看电视看出来的“在企业里设政委”的想法在企业人力资源管理领域根本没有先例，很多人一听就会觉得“不靠谱”，更别提深入落实了。

但彭蕾认为，老板的想法无论如何也得实现。彭蕾非常重视并严格落实了这个想法，不仅组建了“阿里政委”团队，还对“政委”的职能进行了一系列规划，使其与阿里的企业人力资源管理体系有机融合。所谓的“阿里政委”，日常工作就是陪聊，整天看团队、送温暖、聊家常。比如，问员工买房没、有娃没、工作有啥困难、客户有啥情况。这样一来，一旦员工出问题，政委一下子就能找出原因，能够及时采取措施解决。这种做法有效推动了企业文化建设，提高了员工对企业的忠诚度。有了“阿里政委”加高薪，猎头们纷纷表示，阿里巴巴的人最难挖！不认同企业文化的早跑了，剩下的都是“死忠粉”。

**二、一个冷静又疯狂的人**

掌管支付宝8年，彭蕾作为一个“技术小白”，居然能把支付宝做到现在占据50%以上市场份额的规模，靠的就是一句话：这个世界，害怕的是冷静又疯狂的人。

2010年，彭蕾入主支付宝，同年6月，央行第二代支付系统“超级网银”震撼上线，宣告“国家队”“杀”入支付领域。当时有人说，支付宝这次完了，人家有国家信用当背书，怎么和它们竞争？彭蕾不声不响，在不断完善支付宝网购功能的同时，还做了另外一件事——公共事业缴费。这种“脏活累活”，需要把所有城市、所有基础设施的支付系统全部打通：供水、供电、供气、通信、网络……一家金融机构再强大，也很难放下身段做这种吃力不讨好的事情。

但彭蕾和她的团队就这样坚持做了下去，并把这件其他人“不屑于”做的事做到了极致。她和她的团队去往每个城市、每个管理部门，一家家谈合作、一个个改系统，使这些五花八门的支付系统最终能够与支付宝衔接并顺利运转……就这样，支付宝日复一日地做着这些小事，哪怕不赚钱，也要把这些事情做到底。就靠着这番扎实的苦功，支付宝最终能够深入人心，赢得更加广阔的市场。

或许正如彭蕾所说的那样：“我要付出200%的努力，证明我的决定是正确的，而且证明我可以比你创造更大的价值、更好的体验，给到周围这些人，给到社会。”

从“随军家属”到“阿里高管”，彭蕾的职业生涯值得每一位职业人学习。她并不是一位“技术大拿”，她的成功依赖于她坚定的执行力、清晰的角色定位和长远的战略眼光。而这些，都是拥有良好职业素养的体现。

## 第一节　职业及职业人

职业对于我们每个人来说都意义非凡。一个人20多岁入职，60岁左右退休，30多年的职业生涯几乎占据了人生最宝贵也是最长的一段时间。一项调查发现，一个人从20多岁进入职场到60岁退出职场，每天用于睡觉、吃饭等生理活动的时间为10~11小时，其余13~14小时为社会活动时间，这其中与工作相关的时间为10~12小时，占总社会活动时间的71%~92%，即使在周末或节假日，对很多职业人来说，这个比例也可能会达到50%，有的人可能会更多。由此可见，一个人的职业生涯是他生活的重要组成部分，选择了一份职业，就是选择了一种社会角色，进而选择了一种生活方式。

## 一、何为职业

作为一种社会现象，职业是社会分工的必然产物。人类要生存、社会要发展，首先要解决的自然是衣食住行问题，而这又需要有人来从事各种社会劳动，有的做工、有的务农、有的经商、有的从医，还有的执教……于是就形成了所谓的工人、农民、商人、医生、教师等分工不同但又各司其职的职业。《现代汉语词典》对职业释义为："个人在社会中所从事的作为主要生活来源的工作。"

职业的内涵包括三大方面：第一，职业是个人获取经济收入的来源，是个人维持生存及生活的手段；第二，职业能够使个人以特定的角色进入社会并为社会服务，使个人某些才能得到发挥和发展；第三，职业是个人获得除经济收入之外的名誉、地位、权利等的途径，体现了一个人的社会声誉、地位。

职业的概念中包含了四种关系：第一，个人与社会的关系，即从事了某种职业就意味着参与了社会分工，而基于不同需求的职业分工，则体现了个人与社会的关系，也是职业结构的关系；第二，知识技能与创造的关系，即人们利用专门的知识技能创造物质财富和精神财富；第三，创造财富与获得报酬的关系，只有为社会创造了物质财富和精神财富，才有资格获得报酬，而且是获得合理报酬；第四，工作与生活的关系，即人们通过工作获得合理报酬，满足自身物质生活和精神生活的需求。

### 测试1

### 霍兰德职业兴趣岛测试

本测试将霍兰德代码（Holland Codes，即 RIASEC）的 6 种个体类型比喻成 6 座岛屿，你可以通过选择岛屿，洞察自己真正的个体类型，匹配自己所喜欢和不喜欢的职业内容，帮助自己把握好职业定位和方向。

**测试题目**

先来参观一下6个神奇的职业兴趣岛。

A岛——“美丽浪漫岛”。在这个岛上随处可见美术馆、音乐厅，弥漫着浓厚的艺术文化气息。岛民们保留着传统的舞蹈、音乐与绘画技艺。许多文艺界人士都喜欢到这里开沙龙派对寻求灵感。

C岛——“现代井然岛”。岛上处处耸立着的现代建筑标志着这是一座进步的、都市形态的岛屿，岛上的户政管理、地政管理及金融管理都十分完善。岛民们个性冷静保守，处事有条不紊，善于组织规划。

E岛——“显赫富庶岛”。该岛经济高度发展，高级饭店、高尔夫球场等随处可见。岛民们性格热情豪爽，擅长进行企业经营和贸易活动。岛上往来者多是企业家、经理人、政治家、律师等。这些名流在岛上享受着高品质生活。

I岛——“深思冥想岛”。这个岛平畴沃野、人少僻静，适合夜观星象。岛上有很多天文馆、科技博物馆、科学图书馆。岛民们最喜欢待在自己的小房子里，天天钻研学问，沉思冥想，探究真知。哲学家、科学家和心理学家们喜欢约在这里聚会，讨论学术，交流思想。

R岛——“自然原始岛”。这是个自然生态优良的绿色岛屿。岛上不仅保留有热带雨林等原始生态系统，而且建立了相当规模的植物园、动物园和水族馆。岛民们以手工制造见长，他们自己种植花果、栽培蔬菜、修缮房屋、打造器物、制作工具。

S岛——“温暖友善岛”。这个岛的岛民们性情温和、乐于助人，人际关系十分友善。大家互助合作，重视后代教育。每个社区都能自成一个密切互动的服务网络，处处充满着人文关怀气息。

用15秒钟回答以下问题：

1. 如果你必须在6个岛中选择一个岛生活一辈子，你首先会选择哪个岛？

2. 你第二会选择哪个岛？

3. 你第三会选择哪个岛？

4. 你绝对不会选择哪个岛？

选好之后，依次记下 4 个问题的答案。

注：扫描封底二维码，查看测试结果分析。

## 二、何为职业人

由于职业的出现，职业人的概念也就应运而生。所谓职业人（professional person），就是参与社会分工，自身具备较强的专业知识、技能和素质等，并能够通过为社会创造物质财富和精神财富而获得合理报酬，在满足自我精神需求和物质需求的同时，实现自我价值最大化的群体。通俗地讲，就是要“干什么像什么”。对于企业来说，职业人是以完成企业交付给自己的任务为职业的社会阶层。

传统职业人概念建立在物本主义基础上，以物为中心，以技术为中心，人是机器的附属物，人越来越非人化，越来越成为“非本质”的人，“人即工具”。现代职业人概念建立在人本主义基础上：人是目的，一切为了人，为了人的一切；而为了达到目的，人在职业活动中又发挥着“工具”的功能，但这种功能已不是物的替代，而是作业活动中上位功能与下位功能之间的关系，是一种以作业为载体的人与人之间的关系。可以说，职业人在其职业活动中扮演着不同的职业角色，借职业活动来实现自己的全面自由的发展，提升自己的生命质量，驾驭自己的人生方向，实现自我价值。

从经营人生的角度，人可以被分为四类，如图 1—1 所示。第一类人不经营自己，也没有人经营他，我们形容他为“活着的死人”，这种人的人生注定是失败的；第二类人不经营自己，由别人来经营他，我们形容他为“活着的人”，泛指碌碌无为的打工者；第三类人经营自己，也经营别人，我们形容他为“老板”，这种人可以获得高收入，但承担着巨大风险；第四类人是懂得经营自己的人，我们形容他为“职业人”，这种人是懂得为自己创造美好生活的人。

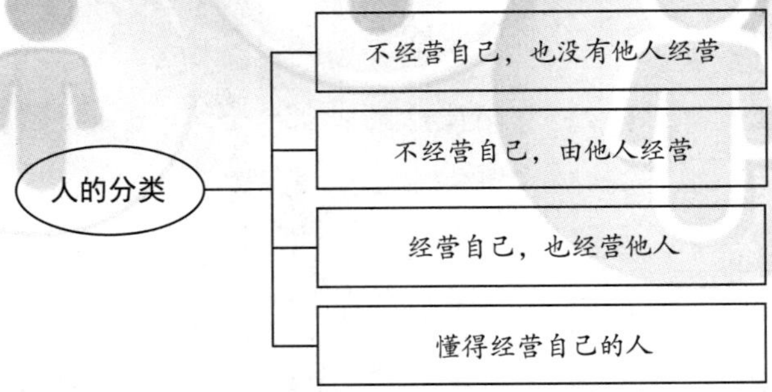


图 1—1　人的不同种类

每个人都会选择不同的人生道路，或是成为经营自己的人，或是成为由别人经营的人。经营自己的人与由别人经营的人的区别，也是打工者和职业人的区别，如图 1—2 所示。由别人经营的人，把自己看作打工者，只遵从老板或上级的命令机械行事，为应付老板而工作；而经营自己的人则将自己看作企业的合作者，有自己的规划和主见，为自己而工作。

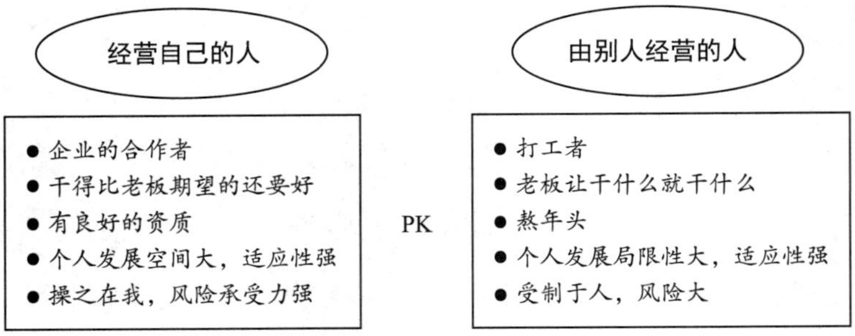


图 1—2　经营自己的人与由别人经营的人的区别

综上所述，职业人的发展与职业发展密不可分。职业人既是懂得经营自己的人，也是能够设计、规划自己职业生涯的人。

## 第二节　职业人的职业化

人力资源问题是我国很多企业发展面临的一个重要问题。而人力资源问题的核心就是职业化程度不够。只有职业化的员工才能造就更具竞争力的企业，而更具竞争力的企业也将为它的每一位员工带来一份伟大的事业。因此，职业化已成为当前诸多中国企业亟待解决的问题。《职业导师》杂志总编辑程良越认为，中国的大学教育中最缺的一门课就是“专业的职业化”，我们的大学培养了一大批有专业但不职业的人才。由此可见，推行提升职业化水平的教育与培训刻不容缓。

### 一、何为职业化

简单地讲，职业化（professionalization）就是一种工作状态的标准化、规范化、制度化，包含在工作中应该遵循的职业行为规范（Code of Conduct）、职业素养和匹配的职业技能，即在合适的时间、合适的地点，用合适的方式，说合适的话，做合适的事，不为个人感情所左右，冷静且专业。职业化是一种职场氛围，人们使用的是同一种职业语言，遵守着同一种约定俗成的职业规则。职业化是职业人在职场的立身之本。

就当今企业的发展状况而言，大力开展职业化水平提升工作已是大势所趋。一个人能够发挥的工作价值等于个人能力和职业化程度的乘积，即“工作价值 = 个人能力×职业化程度”，职业化程度与工作价值成正比，如图 1—3 所示。如果一个人有

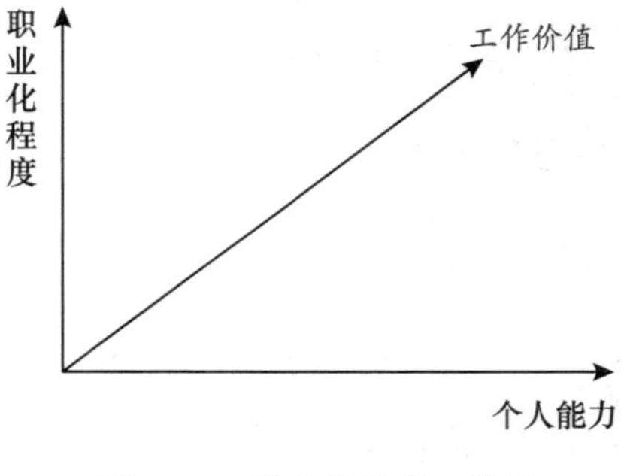

图 1—3　职业化程度二维图

100 分的能力，但职业化程度只有 50%，那么，其工作价值显然只发挥了一半；如果一个人的职业化程度很高，那么，他的能力、价值就能够得到充分、稳定的发挥，而且是逐步上升的。如果一个人的能力比较强，却自觉发挥得很不理想，总有“怀才不遇”的感慨，那很可能是其自身职业化程度不高造成的。

可以说，职业化是 21 世纪职场上的第一竞争力。要想赢得未来职场的胜利，成为职场中的成功者，拥有辉煌的职业生涯，就必须懂得并坚守职业化规则。

## 二、职业化的内容

职业素养提升专家汪颜在《3 个月成为职业化员工》一书中，把职业化比喻为一棵树，如图 1—4 所示。

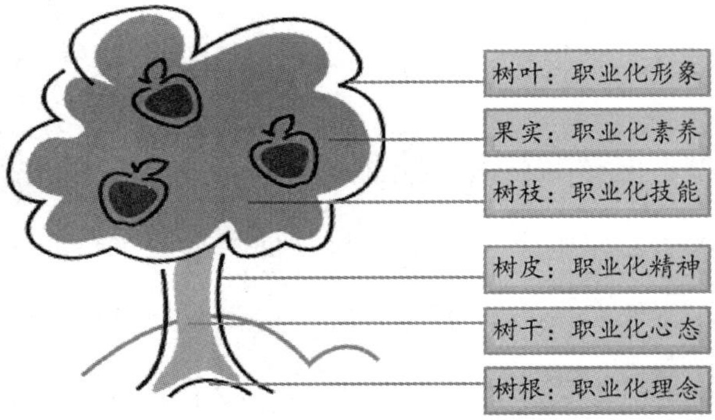


图 1—4　职业化之树

### 1. 树根：职业化理念

树根被埋在泥土里，每天默默无闻地吸收泥土中的水分和养料。正因为有了树根的支撑，树才能长得茂盛。职业化理念也是如此，它作为一种深层次的基础，支撑着职业化的发展。

### 2. 树皮：职业化精神

一棵大树要想茁壮成长，就必须有树皮的保护。树生长所需的营养和水分主要由树皮供应，有了营养和水分，大树才能生长得丰繁茂盛。树立职业化精神，就是树立正确的职业价值观和态度，从而为个人职业生涯的发展提供必要的养分。

**3. 树干：职业化心态**

职业化的发展就好像树干的生长一样，在生长早期最容易受到引导。受到正确的引导，树干就长得正、长得直；受到错误的引导，树干就长得歪、长得弯。同理，越早有正确职业心态的指引，职业化之树就越能健康生长，如果没有及时调整错误的职业心态，待观念成形，再想去矫正就很难了。

**4. 树枝：职业化技能**

一棵树在成长过程中会长出许多树枝，这些树枝上虽然不一定马上都能结果，但在将来，它们很可能给树木带来更多营养。一个人在职业成长过程中也要不断地学习技能，这些技能在眼下不一定能起到作用，但在以后，它们会给个人的发展带来更广阔的空间。

**5. 树叶：职业化形象**

一叶落而知天下秋——从一片树叶的凋落可知秋日的到来。同样的，从一个人哪怕最微小的形象细节，都可以看出这个人的职业化程度如何。一个人的职业化形象或如金秋红叶赏心悦目，或如枯枝败柳无人问津，皆由自身职业素养决定。

**6. 果实：职业化素养**

职业化员工通常具备很多良好的职业道德品质，如诚实、正直、守信、忠诚、公平、关心他人、尊重他人、追求卓越、承担责任。这些是最基本的职业化素养，也是职业化之树结出的果实。

可以说，职业化之树，越早栽种，就越早收获丰硕的成果、宜人的绿荫。

## 三、员工的职业化

职业化过程就是企业员工为了达到职业要求不断提升职业素养，成为优秀职业人的历程。

员工不仅要重视自己能力的提升，更要重视在职场中自身职业化的建设。

职业化，通俗地理解，就是员工以自我经营的观念对待自己的事业，树立为自己打工的工作意识，具备职业心态、职业道德、职业规范、职业素养、职业行为等素质，提倡快乐工作，强化成功意识，提高工作绩效，实现个人价值最大化。我国著名的职业化培训专家徐剑认为，职业化的最重要含义、最高的境界体现是做人追求品质、做事追求到位，这是职业化最重要的一层内涵。有些人会做事但是不会做人，有些人会做人但是不会做事，这都不是职业化。职业化的真谛就是做人追求品质、做事追求到位的过程，如图1—5所示。

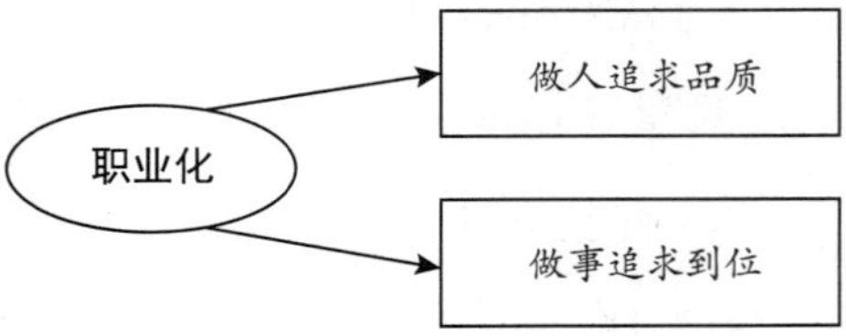


图1—5　职业化的真谛

第一，职业化是做人追求品质的过程。1923年，美国福特公司有一台马达坏了，公司所有的工程技术人员都未修好，正在焦急万分的时刻，有人推荐了当时正在美国一家小厂工作的德国工程技术员思坦因曼斯。思坦因曼斯来后，他在电机旁躺了3天，听了3天，最后他在马达的一个部位写下几个字“这儿的线圈多了16圈”。结果，福特公司的技术人员把这16圈线圈一拿，开机后电机马上运转正常。福特公司总裁福特得知后，先是给了他1万美元的酬金，然后亲自邀请他到福特公司来工作。但是，这个德国人说，他不能离开那家小厂，因为那家小厂的老板在他最困难的时候帮了他，他不能见利忘义。福特先生遗憾万分，不久后，他做出一个决定，收购思坦因曼斯所在的那家小工厂。福特先生说：“人才难得，因为那里有思坦因曼斯，所以我要收购它。”福特公司之所以成功，很重要的原因就是它重视人才，而它重视人才主要在两个维度：一是要有技术水平（专业化程度），二是要有做人的品质。如果剔除了做人品质的维度，职业化就是空中楼阁，徒有其表。

第二，职业化是做事追求到位的过程。希望集团总裁刘永行去韩国考察时发现，韩国西杰集团的面粉厂每天处理小麦 1 500 吨，而工厂只有 66 名雇员，工作效率之高，令人惊叹不已。当时，在中国同等规模的企业，一般日生产能力只有几百吨，但雇员却多达几百人。中国和韩国同等规模的企业所运用的管理模式类似，设备技术水平也相当，为什么在工作效率上会有如此之大的差距呢？这在很大程度上是因为中国的经理人和员工工作不到位，工作效率相对低下。

其实，真正的职业化过程就是一个普通人到一个职业人的转变过程，在这个过程中观念态度、职业技能、职业行为等都要发生转变。一般情况下，一个人只能发挥自身能力的 40%～50%，如果能够受到职业化素质教育，具备良好的职业素养，那么他就能发挥其能力的 80%～90%，从而提高工作的效率，同时也提升了个人的职场竞争力。有专家预言，中国将进入一个崭新的“职业化时代”。

我们常见到这样的情景：一名聪明能干的员工被开除了，因为他总是觉得付出太多而得到太少，到处发牢骚，四处散布流言蜚语；一个看起来很热情、很能干的人总是找不到稳定的工作，因为没有人敢相信他，他总是会把工作单位搅得一塌糊涂。他们缺乏的不是职业技能，而是职业素养。随着职业化时代的到来，员工如果不重视自身职业素养的提高，迟早会在激烈的市场竞争中被淘汰。

## 测试 2

### 你具备何种职业素养

面试时，面试官往往会通过面试者对某些细节的反应来判断其具备的职业素养。下面是一位人力资源经理推荐的小测试，你不妨亲自测试一下，看看自己具备什么样的素养，是否有做管理人员的素质。

**测试题目**

如果你去一家大公司面试，面试官忙着手头的文件，叫你先坐下，但你发现办公室里并没有椅子，这时你会怎么办？

1. 规规矩矩地站在一旁，一直等到面试官办完事再说。

2. 很有礼貌地对面试官说：对不起，先生，这儿并没有椅子。

3. 先答应“好的！”然后就手足无措地呆立在一旁。

4. “可是这里并没有椅子啊？”勇敢地把话直截了当说出来。

5. 直接走出办公室，去找一把椅子进来。

注：扫描封底二维码，查看测试结果分析。

## 第三节　如何成为一名优秀的职业人

职业化也好，职业素养也罢，都是对职业人提出的更高要求。普通人将工作当作谋生的手段，而职业人却将自己从事的职业当作事业；普通人关注个人眼前利益，而职业人却关注职业声誉、形象和地位；普通人将自己的工作和下属当作通向仕途的跳板，而职业人对分配给自己的任务具有强烈的责任感和使命感；普通人缺乏韧性，原则性较差，缺乏敬业精神，而职业人非常执着，从不轻言放弃。由此可见，职业人相比普通人要更有事业心、责任心、敬业心。

王坤在《职业人进化七项修炼》中指出，很多员工虽然表面上看起来专业、敬业，但却始终抱着一种打工的心态，并没有真正和企业融为一体；他们从根本上缺乏职业能力，始终徘徊在真正的职业化之外，就像处于刀耕火种的原始社会一样，整日为生存所拼搏却找不到进步的方向。为此，王坤在书中阐述了职业人进化的七项修炼：第一，职业化心态力，职业人的精神食粮；第二，职业化执行力，职业人的立身之本；第三，职业化团结力，职业人的发展之道；

第四，职业化人际力，职业人的事业之基；第五，职业化时控力，职业人的第二生命；第六，职业化创新力，职业人的进化动力；第七，职业化决断力，职业人的成长之钥。

周永亮在《我是职业人》一书中更是提出了职业人的10项职业品质，即10项行为准则：准则一，结果证明价值，即永远用结果证明自己的价值，职场没有苦劳，只有功劳；准则二，责任造就人品，即永远以责任心证明自己的人品，忠诚于职业，坚守承诺；准则三，能力解决问题，即把解决问题的技能作为核心能力，仅仅拥有丰富的知识是不够的；准则四，重视日常细节，即注意日常行为的细节，随意永远是职业人的大敌；准则五，用心对待客户，即永远用心对待客户，不用心便无法赢得客户；准则六，遵守公司规范，即把公司规范视为不可逾越的红线，不尊重规则就是不尊重职场；准则七，团队利益为重，即永远以公司和团队的利益为重，仅仅关注自己的利益则难以成功；准则八，精确的时间观念，即永远保持精确的时间观念，没有时间观念就没有职业感；准则九，沟通解决一切，即永远视沟通为不断修炼的课程，相信沟通能够解决一切；准则十，行为始终如一，即永远追求行为始终如一，虎头蛇尾是职业人的死敌。

那么，我们究竟该如何将自己打造成为一名优秀的职业人呢？本书认为，优秀的职业人必须具备较高的职业素养，同时具有较强的职业技能。为此，我们应从内外两个维度着手，即在加强内在职业素养的同时，培养外在的职业技能水平。通过内外兼修的方式，切实打造出自己的职业核心竞争力，唯有如此，才能真正成为一名优秀的职业人。

所谓职业能力，就是职业人职业水平的外在表现。职业能力是人们从事某种事业的多种能力的综合，是一个人在现代社会中生存、生活、从事职业活动和实现全面发展的主观条件，包括职业知识和技能、分析和解决问题的能力、信息接收和处理能力、经营管理能力、社会交往能力、不断学习的能力等，具体可解读为人际沟通能力、团队协作能力、学习能力、创新能力、时间管理能力、情绪管理能力、抗压能力等。

相比较外显于职业活动的职业能力，职业素养是内化在职业活动中的。职业素养是上位概念，而职业能力则是下位概念，是职业素养的具体内容之一。职业素养的特点是“内化”，是人在其活动过程中非对象化的结晶，而职业能力是“外显”，是人在其活动过程中对象化的呈现。因此，职业素养是根本，职业能力的大小是由职业素养的高低决定的。与此同时，职业能力又是构成职业素养的核心，离开职业能力，职业素养也就无从谈起。

可以说，成功的职业人必须有较高的职业素养与较强的职业能力。在职业化培养过程中，只有这两方面都得到提升，才能真正培养出职业人的职业核心竞争力。

## 案例

### 学诸葛亮做出色的职业经理人

做一名职业经理人，应该有什么样的职业能力和职业操守？诸葛亮给我们树立了一个很棒的标杆。

**1. 学习诸葛亮的远见卓识**

诸葛亮少年时父母双亡，19 岁时便与友人徐庶等从师于水镜先生司马徽，表现出众，世人的说法是：“卧龙（诸葛亮）、凤雏（庞统），得一可安天下。”经过友人徐庶的推荐，急需人才的刘备三顾茅庐求得 27 岁的诸葛亮出山相助，使蜀国得以成为与魏、吴三分天下的重要势力。著名的《隆中对》也将诸葛亮推上了政治、军事的舞台，彰显了他的管理才智和战略思想。

在茅庐中刘备问统一天下大计，诸葛亮精辟地分析了当时的形势。比如，对于几方势力，诸葛亮说：“自董卓以来，豪杰并起，跨州连郡者不可胜数。”

在诸位豪杰中，曹操实力最强，统一了中国的北方，而且挟天子以令诸侯。面对曹操这样“拥百万之众，挟天子以令诸侯”的对手，诸葛亮提出“不可与之争锋”，采取退避锋芒的措施；而面对像孙权这样“据有江东，已历三世，国险而民附，贤能为之用”的对手，诸葛亮提出的策略是“此可以为援而不可图也”。对于这两位豪杰，诸葛亮的分析详尽周全，判断推理严密准确。

对于几个关键州郡，诸葛亮也进行了分析。诸葛亮说，荆州是历代兵家必争之地，但当时的荆州牧刘表，徒得虚名，未有远谋，而益州是天然的粮仓，益州之主刘璋昏庸无能，手下的能人志士都很企盼有雄才大略的领导。所以，诸葛亮建议取代割据荆州、益州的刘表、刘璋，建立起可靠的根据地，与曹操、孙权三分天下。在《隆中对》中，诸葛亮提出的策略概括起来就是：首先夺取荆、益，作为根据地，对内改革政治、对外联合孙权，南抚夷越西和诸戎，等待时机，两路出兵北伐，从而统一中原。诸葛亮“运筹帷幄之中，决胜千里之外”的决断力不言而喻。

### 2. 学习诸葛亮的当机立断

诸葛亮的决断力不仅体现在判断敌友以及该如何采取应对措施上，还体现在对内部的管理中。刘封是刘备收养的义子，先后跟随张飞、赵云等名将作战，在西川的战斗中屡立战功，刘封驻守上庸时，关羽被困在麦城向刘封求救，刘封因为听信离间挑拨没有发兵救援致使关羽败走麦城，后刘封因为内叛败走，逃回成都。诸葛亮认为，刘封性格刚猛，恐怕易世后难以制服，强烈建议刘备除掉刘封。在诸葛亮的建议下，刘备赐死刘封。一向温和忍让的诸葛亮在这件事上坚决果断，既避免了内部矛盾的激化，稳定了军心，避免未来篡位的灾难，也起到了震慑众人的作用。

在处理马谡的问题上，诸葛亮的态度也很果断。诸葛亮十分赏识马谡，委以重任去守汉中的咽喉街亭，但最终，马谡战败，街亭失守。《三国演义》中提到，大多数将领都认为马谡固然失误重大，但罪不至诛，且在随诸葛亮南征时屡屡进言献计，颇有建树。但最终 47 岁的诸葛亮还是依照军法挥泪斩了马谡。在蜀国急需人才时，为何诸葛亮一定要坚持斩自己器重的马谡？这就是他决断力的表现，严明法纪，避免了蜀国内部两大势力的反击。在关键时刻，不因皇亲国戚为限制、不以个人喜好为牵绊，以大局为重，迅速做出决策，是一位优秀的领导者必备的素养。

**3. 学习诸葛亮的忠于职守**

刘备为报杀弟之仇，御驾亲征，讨伐东吴。刘备大败后病危于白帝城，不仅将小儿托付诸葛亮，更是提出“如其不才，君可自取”。诸葛亮涕泣说：“臣敢竭股肱之力，效忠贞之节，继之以死！”从此诸葛亮践行了“受人之托，忠人之事”的处世原则。这种职业操守值得职业经理人学习。

刘禅资质平庸，缺乏行政管理的才能，而诸葛亮为了不负先帝之托，责无旁贷地辅佐，并多次亲自出征，讨伐敌军。公元 225 年，诸葛亮亲自率军南征，深入不毛之地平定叛乱。诸葛亮采纳了马谡的建议，采取“攻心为上，攻城为下”的原则，七擒孟获，让孟获心服口服地跪地发誓以后决不再谋反。南中的叛乱自此被平定。

为兴复汉室，南征成功后，诸葛亮率兵北伐曹魏。他第一次向祁山方向进攻，却因马谡街亭失守而失败。诸葛亮挥泪斩马谡后，上疏请求自贬三等。祁山经济基础雄厚，具备地利优势，是统一大业的关键因素之一。诸葛亮一次次举全国之力北伐曹魏，屡败屡战，《三国演义》中记载为六出祁山。最后一次出兵伐魏，魏军坚守不出，诸葛亮的兵马被困祁山，而诸葛亮自己积劳成疾，不久病逝于五丈原，享年 54 岁，一颗智慧之星自此陨落。即使到死，他也不忘践行忠心，将军权给予姜维，让大家不要发丧，待安全撤退后简单安葬。唐代杜甫诗云：“三顾频烦天下计，两朝开济老臣心。出师未捷身先死，长使英雄泪满襟。”

## 职业活动训练

### 1. 职业倾向测试

因为每个人的想法、思维和喜好不同，每个人适合从事的职业也不尽相同，比如，有的人说话很有号召力，适合做领导；有的人拥有缜密的思维，适合做数据分析员；有的人很细心、温柔、有爱心，适合做幼儿教师；有的人路感颇佳，适合做司机……仔细观察下面这幅迷宫图（见图 1—6），你会选择怎样的路径走出来？

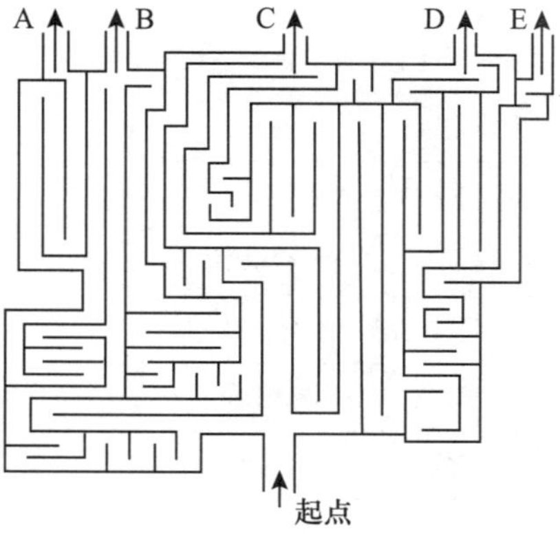


图 1—6　职业迷宫图

### 2. 职业兴趣测试

仔细阅读表 1—1 所示的“职业兴趣倾向量表”的题目，根据自己的实际情况回答“是”或“否”，答案没有好坏之分，请根据自己的第一印象作答。

表 1—1　职业兴趣倾向量表

| 序号 | 题目 | 是 | 否 |
|---|---|---|---|
| 1 | 我喜欢把一件事情做完后再做另一件事情 | | |
| 2 | 在工作中我喜欢独自筹划，不愿受别人干涉 | | |
| 3 | 在集体讨论中，我往往保持沉默 | | |
| 4 | 我喜欢从事戏剧、音乐、歌舞、新闻采访等方面的工作 | | |

续表

| 序号 | 题目 | 是 | 否 |
| --- | --- | --- | --- |
| 5 | 每次写信我都一挥而就，从不反复斟酌 | | |
| 6 | 我经常不停地思考某一问题，直到想出正确的答案 | | |
| 7 | 对别人借我的和我借别人的东西，我都能记得很清楚 | | |
| 8 | 我喜欢从事抽象思维的工作，不喜欢动手的工作 | | |
| 9 | 我喜欢成为人们关注的焦点 | | |
| 10 | 我喜欢不时地夸耀一下自己取得的成就 | | |
| 11 | 我很渴望参加探险活动 | | |
| 12 | 当我独处时，我会感到更愉快 | | |
| 13 | 我喜欢在做事情前对此事做出细致的安排 | | |
| 14 | 我讨厌修理自行车、电器一类的工作 | | |
| 15 | 我喜欢参加各种各样的聚会 | | |
| 16 | 我愿意从事虽然工资少但是比较稳定的职业 | | |
| 17 | 我常陶醉于音乐之中 | | |
| 18 | 我办事很少思前想后 | | |
| 19 | 我在学校处理事务时经常请示老师 | | |
| 20 | 比起比较普通的游戏，我更喜欢需要动脑子的智力游戏 | | |
| 21 | 我很难持续集中注意力在 2 小时以上 | | |
| 22 | 我喜欢亲自动手制作一些小玩意儿，并从中得到乐趣 | | |
| 23 | 我的动手能力很差 | | |
| 24 | 和不熟悉的人交谈对我来说毫不困难 | | |
| 25 | 和别人谈判时，我总是很容易放弃自己的观点 | | |
| 26 | 我很容易结识同性朋友 | | |
| 27 | 我做人做事既不悲观，也不偏激，基本属于不偏不倚的温和型 | | |
| 28 | 当我开始做一件事情后，即使碰到再多的困难，我也要执着地干下去 | | |
| 29 | 我是一个沉静而不易动感情的人 | | |
| 30 | 做事情时，我喜欢避免干扰 | | |
| 31 | 我的理想是当一名科学家 | | |
| 32 | 与言情小说相比，我更喜欢推理小说 | | |

续表

| 序号 | 题目 | 是 | 否 |
|---|---|---|---|
| 33 | 有些人太霸道，有时我明明知道他们是对的，也要和他们对着干 | | |
| 34 | 我爱幻想 | | |
| 35 | 我总是主动地向别人提出自己的建议 | | |
| 36 | 我喜欢使用钳子、螺丝刀、万用表一类的工具 | | |
| 37 | 我乐于助人 | | |
| 38 | 我在比赛或玩游戏时，爱与别人打赌 | | |
| 39 | 我乐于按父母和老师的安排去做事 | | |
| 40 | 如果将来参加工作，我希望能经常换不同的工作来做 | | |
| 41 | 如果与朋友约好了见面，我总会留有充裕的时间以免迟到 | | |
| 42 | 我喜欢阅读自然科学方面的书籍和杂志 | | |
| 43 | 如果掌握一门精湛的手艺并能以此赚到足够多的钱，我会感到满足 | | |
| 44 | 我对汽车司机、汽车修理工之类的职业比较感兴趣 | | |
| 45 | 听别人谈“家中被盗”一类的事，很难引起我的同情 | | |
| 46 | 如果待遇相同，我宁愿当商品推销员，而不愿当图书管理员 | | |
| 47 | 我讨厌与各类机械打交道 | | |
| 48 | 我小时候经常把玩具拆开，把玩具内部探个究竟 | | |
| 49 | 接受新任务后，我喜欢以自己的独特方法去完成它 | | |
| 50 | 我有文艺方面的天赋 | | |
| 51 | 我喜欢把一切安排得整整齐齐、井井有条 | | |
| 52 | 我喜欢做一名教师 | | |
| 53 | 和一群人在一起的时候，我总想不出恰当的话来说 | | |
| 54 | 看情感影片时，我常禁不住眼圈湿润 | | |
| 55 | 我讨厌学数学 | | |
| 56 | 假如将我单独一个人留在实验室做实验，我会感到非常无聊 | | |
| 57 | 对于急躁、爱发脾气的人，我仍能以礼相待 | | |
| 58 | 遇到难解答的问题时，我常常中途放弃，改做下一题 | | |
| 59 | 大家公认我是一名勤劳踏实的、愿为大家服务的人 | | |
| 60 | 我喜欢协助老师做班级管理类的工作 | | |

### 3. 情商和智商测试

一个人的思考能力是由智商决定的，处事能力则是由情商决定的。那么，你是否智商与情商兼备呢？一起来测试一下吧！

初入职场的你，为了引起你的直属上司注意，并获得他的赏识，你会怎样做呢？

A. 工作上创新尽责，让他感受到你上进的心态和努力工作的态度

B. 故意寻找机会独处，有意接近他，让他对你更加了解

C. 紧跟他的工作节奏，不放过与他一起加班的任何一次机会

D. 关注他的生活，在他需要的时候送上一杯咖啡和一份关怀

注：扫描封底二维码，查看职业活动训练结果分析。

## 思考题

1. 谈一谈你认为自己最大的优点和缺点分别是什么。

2. 你认为一名销售人员应具备哪些基本的素质与能力？

# 第二章

# 职业意识与职业心态

一个人心态好很重要，其实我们每天过日子过的都是一个心态，心态不好，每天过得都是痛苦的。

——周国平

## 学习要点

☆ 职业意识与职业心态的内涵

☆ 如何树立正确的职业意识

☆ 如何保持良好的职业心态

## 案例

### 一份会议纪要创造的机会

在上市公司做策划总监的朋友老吕告诉我，他能有今天，全靠当初一份会议纪要。

老吕刚到北京工作时，野心勃勃地应聘到一家广告公司做策划。因为资历太浅，策划经理只是派给他一堆整理文件、收发快递等杂活儿。

老吕不但高高兴兴把这些琐碎活儿都接应下来，还在公司前台加放了一个快递架，并给每层做了对应工位区的标签。之前大家找快递的时候都是蹲在地上找半天，形象狼狈不说，还经常翻乱。这下，所有人拿快递的时候都对老吕连连称赞。

后来，甲方公司召集老吕所在的广告公司和其他两家广告公司在会议室比稿，老吕被经理带去旁听。回来以后，公司突然接到甲方公司来电，委婉地问是否有此次会议的录音。

原来，甲方公司内部因为会上的一个问题起了争执，需要找出会议录音对证，但当天公司录音笔正好坏了，他们想着或许来比稿的广告公司能有备份录音作为证据。

结果，老吕不但拿出了录音，还把每一项工作对应的责任部门、责任人列成表格给甲方发了过去，比其他两家广告公司都快。因为老吕平时为了方便各个部门做计划，早就养成了把会议纪要内容分离出一份细致表格发给各个部门经理的习惯。

甲方公司收到邮件后单独约见了老吕，诚心邀请他到甲方公司任职。之后，老吕在甲方公司如鱼得水，不久就做到了策划总监的职位。

很多人有眼高手低的毛病，看不上端茶倒水，看不上机械重复的工作，却从未想过即便是看上去再没有意义的工作，也能分出个“上下高低”。重要的不是你在做什么工作，而是你对这份工作到底持有一种怎样的态度。能把不喜欢的工作也做好，是一种高级的修行。这种修行能赋予你的不只是更好的工作机会，更是过好任何一种人生的能力。

总有刚毕业不久的学生问，不喜欢当下的工作该怎么办？让他辞职，他说不敢，因为怕找不到更好的；让他继续适应，他又说自己根本不喜欢这份工作。

事实上，真正职业化的职业人，无论自己是否喜欢当前的工作，他都会干得漂漂亮亮。你越是浑浑噩噩，就越没有跳板可言。人人都说选择比努力更重要，但你要是不努力，就没有选择的权利。

其实，任何一份工作，长年累月做下来，可能都会让人感觉枯燥乏味。但同样的工作，放在不同的人面前，有人会絮絮叨叨、抱怨不止，有人却会高效完成、微笑面对。这便是工作态度起到的作用。而由工作态度反映出来的工作状态，最能体现出一个人的思维方式、承压能力、耐力等重要品质。

人人都渴望在职场中获得成功，渴望不断得到提升和领取高薪，渴望自己能够受到同事的爱戴、上司的赏识和企业的重用。可是，很多人总是感到迷茫，他们觉得自己明明已经足够努力了，为什么还是得不到赏识和重用呢？有人将原因归于运气不好，但究其根源，就是因为没有一个正确的职业意识和良好的职业心态。

## 第一节　职业意识

工作中有很多影响个人发展的因素。一个人要想在职场中获得成功，60%取决于职业意识，30%取决于职业技能，而10%则靠运气。因此，树立正确的职业意识对一个职业人来说意义重大。

## 一、何为职业意识

职业意识（professional awareness）是人们对职业劳动的认识、评价、情感和态度等心理成分的综合反映，即人们对特定职业的综合情感（如职业认同）、理性认识（如职业性质、职业道德、职业信念、职业目标、职业能力等）和工作态度（如自信、负责、团结合作、服务意识、创新意识等）。职业意识是支配和调控全部职业行为和职业活动的调节器。它首先表现出来的是对所从事或即将从事的职业的认同感，认可并热爱这一职业，愿意投身于该职业领域，从而全面、理性地认识该职业的职业性质、职业道德、职业信念、职业目标、职业能力等，进而产生积极、健康的工作态度。可以说，职业意识是职业道德、职业操守、职业行为等职业要素的总和。

职业意识决定着职业素养，而职业素养又决定着职业道德、敬业程度、工作效率和工作效果。职业意识就是知道自己该干什么和怎么干，是作为职业人应具有的意识，具体表现为：工作积极认真，有责任感，具有基本的职业道德等。职业意识是人脑对职业的反应，是职业人通过职业实践总结分析而形成的。从传统角度而言，职业意识是约定俗成、师承父传的职业认识和观点。随着社会的发展，职业意识通过法律法规、行业自律、规章制度、企业条文来体现。它是每一个人从事某一工作岗位的最基本的，也是必须牢记和自我约束的指导思想。同时，它反映着人们对职业的意向、态度、情感及主要观点，贯穿于一个人职业发展的全部历程。

在职业选择中，职业意识是起着决定性作用的心理因素。职业意识既影响个人择业和就业的方向，又影响整个社会的就业状况。职业意识由择业意识和就业意识构成。择业意识指人们对自己职业选择的看法，就业意识指人们对自己从事的工作和任职角色的看法。

职业意识具有社会共性，也有行业或企业的个性。职业意识的社会共性是指全社会各行业中形成的共有的、普遍认可和遵守的意识，如敬业精神和奉献意识。职业意识的行业或企业个性是人们对某些行业或企业的具体岗位职责的基本认识，这也就是我们常说的身份意识。

## 二、四种不同的职业意识

一般来说，员工可分为以下四类，他们具有四种不同的职业意识，如图2—1所示。

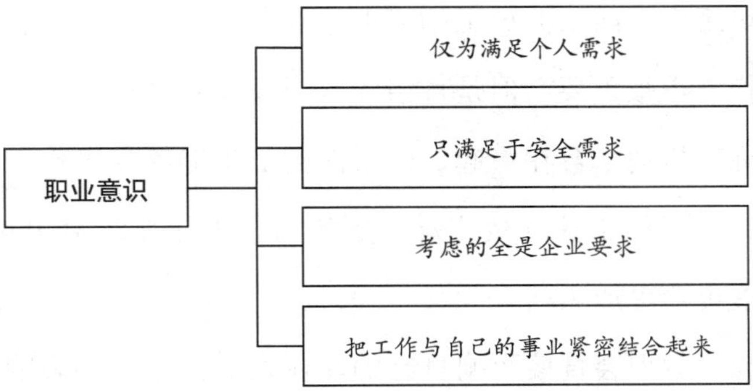


图 2—1　四种不同的职业意识

### 1. 仅为满足个人需求

在这类员工看来，工作就是获得收入、取得成就感、提高个人社会地位的手段。他们在对待工作时考虑的只有自己，没有与企业要求相结合，也没有与社会的需求相结合。

### 2. 只满足于安全需求

工作对于这类员工来说就是出卖体力和时间，赚点钱来养家糊口。他们不会特别主动地工作，他们只满足于安全需求，只要安全了、能活下来就可以了，至于其他的东西，他们无意愿去争。

### 3. 考虑的全是企业要求

工作对于这类员工来说就是按照企业的要求来实现企业的目标，他们考虑的完全是企业要求，而没有自己的需求。他们感觉自己像个奴隶，越干越被动，整天噘着嘴，因为他们从来没有深切考虑过自己的需求。

**4. 把工作与自己的事业紧密结合起来**

在这类员工看来，工作是有价值、有意义的，是饱含使命感与成就感的。就像一位在中国一家西餐店工作的厨师说的，他觉得他的工作就是让中国人有机会品尝到西餐，也让外国朋友有机会在异国他乡吃到家乡的菜肴。他用非常积极的态度对待他的工作，把工作与自己的事业紧密地结合起来。

以上四类员工中，前三类员工的职业意识是，工作就是工作，虽然他们也会把自己的工作看得很重要，但是普遍缺乏对职业的认同感，也没有将工作与自己的人生目标有机地结合在一起。而第四类员工能够将工作与个人的成长目标结合在一起，在工作中往往更主动、更努力，工作业绩会更快地得到提高，职业生涯的发展也会更加顺利。

每个人的职业意识会直接影响自己的职业发展，也势必影响自己职业生涯的规划。好的职业意识就是设立一个好的目标，用目标来指引工作。而这个目标可分为三种，如图 2—2 所示。最低级别的目标是为生活、为工作；中间级别的目标是为工作、为生活；最高级别的目标就是为理想而工作。在这这三种不同目标指引下开展工作，自然会有不同的职业表现。

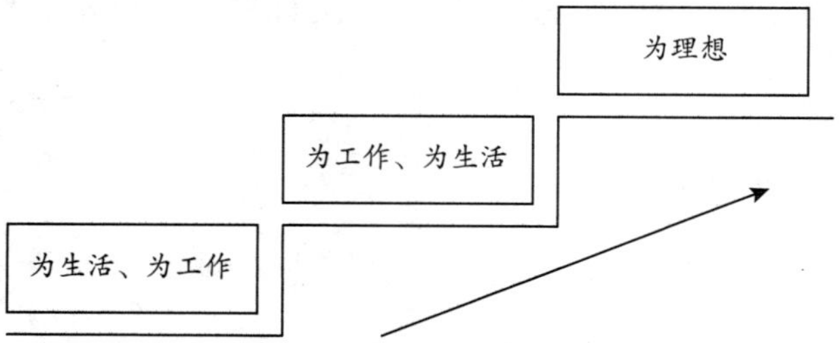


图 2—2　三类工作目标

## 三、如何树立正确的职业意识

教育部对当代大学生开展的一项调查发现，大学生当初报志愿时有22%的人是没有认真考虑的；有42%的人是根据自己的分数对号入座，看能考上哪个就上哪个的。这说明这些学生缺乏主动的职业意识和未来意识。更令人担忧的是，如今的大学毕业生中近80%的人对“如何规划自己的职业生涯”毫无头绪或仅有初步了解。弗洛伊德曾说过，要改变一个人就要先改变这个人的意识。因此，每个人要想在职场上迈向成功，走向卓越，首先要学会树立正确的职业意识。

一般来说，正确的职业意识可以产生三个方面的正面影响：第一，激发工作原动力，使人更主动、更努力地去工作。第二，提高个人绩效。当你更努力、更主动地去工作时，个人的业绩也会相应地得到极大的提高。第三，促进职业生涯的成功。研究表明，一个人职业生涯的成败，60%取决于他的职业意识。成功的职场人士所共有的一个显著特点就是有相当积极的职业意识。

那么，我们怎样才能树立正确的职业意识呢？本书认为，要树立正确的职业意识，就必须做到以下五点。

### 1. 勇于承担责任，培养责任感

不管在什么行业、什么地方，我们总能遇到一些逃避责任、投机取巧之人。他们习惯于被动地等候指令和死板地按照领导吩咐做事，似乎这样就可以不负责任，即使出了错也不会受到谴责。他们会经常说“我只管干活儿”。这种“只管干活儿”的心态只能让人觉得目光短浅，既不可能获得同事的信任和支持，也不可能获得上司的信赖和尊重。一名没有责任感的员工，是永远不会被列为升迁人选的。

责任感是人走向成功的关键品质，是一个人立足的重要资本。工作就意味着责任，主动承担责任是成功的必备素质。在这个世界上，没有不需承担责任的工作；相反，你的职位越高、权力越大，你肩负的责任也就越重。

不论你的工作现状怎样，只要你能够忠于职守，将自己的热情与精力倾注到工作中去，在自己获得成就感的同时也会赢得他人的尊重。我们不应畏惧承担责任，而应把责任的“深重感”当作“哑铃”来面对，在平时的点滴积累中加以培养，责任感就会成为一种习惯。因此，我们在工作中要拒绝“借口”这一侵蚀责任感的毒药，认识到借口会让人消极、颓废的危害，勇于负责并面对一切，不找借口地执行，从细节处做起，自觉、主动地工作，注意岗位责任与全局责任的兼顾，这样成功就会离我们越来越近。尽职尽责不仅有益于企业发展，更有益于个人成长。

**2. 坚持不懈，提高自我的成就欲**

在激烈的竞争环境中，工作时刻充满着挑战，让人饱含艰辛或充满喜悦，同时又让人处于兴奋与疲惫之中。如果没有对工作的热爱，没有全力以赴并坚持不懈地投入工作，没有在工作领域取得成功的欲望，做好一项工作是很难的。所以，我们应对工作抱有乐观态度，有坚信成功的信念，将困难看成是考验，不逃避、不畏惧，并将优势与潜能化成克服困难的利器；从战胜困难中获得启发，更好地认识自己，为自己确定好奋斗目标，放开思维，培养能发挥潜能的专业素养；以榜样为参照进行自我激励，把握好自己的事业，认识到只要付出足够的努力就一定能实现既定的目标，多一些耐心，将梦想转化为内心的动力，激发追求梦想的强烈愿望，注意捕捉那些具有特殊意义的“光辉时刻”或“转折点”，保持自信而健康的心态，把工作当成事业来做，对自己的职业负责，成就自己的梦想。

哈佛大学心理学家威廉·詹姆斯说：“很多时候，人们想象自己是什么样子，现实中就真是什么样子。”如何规划你的人生是完全由你自己掌握的。正确的人生观虽然不一定能保证你的人生与事业成功，但是不正确的态度注定会导致失败、造成停滞。

### 3. 追求卓越，打造专业精神

卡内基·安德鲁认为，人的工作状态有三类，第一类人只做分内的工作，第二类人连分内的工作都不做，第三类人比分内的工作再多做一点。他说：“做你的工作，再加上一点，前途无量。”无论你从事什么样的职业，你都应该全心全意地去做，不断积累工作经验，精进工作知识与技能，并对自己的岗位有使命感，专心致志做事。这就是在潜移默化地打造你的专业精神。

能让工作变得完美，需要极高的品质。而高品质不是从天而降的偶然，而是人们保持高昂的企图心，诚心诚意地努力，投入心血、智慧以及技能后所得到的结果。积极主动是一种极其珍贵、备受关注的品质，它能使人变得更加敏捷、更加积极。身为员工，必须努力培养自己的主动意识，工作中勇于承担责任，主动为自己设定工作目标，不断改进方式和方法，养成“每天多做一点”的好习惯。同时，要有意识地培养自己工作的高效率，纠正那些可能降低自己工作效率的不良习惯。工作时，一次只关注一件事，心无旁骛。“定而后能静，静而后能安，安而后能虑，虑而后能得”，对自己所面对的事认真负责，就是“回归当下”，运用最佳模式，想到做到。对工作要有责任感，勿以事小而不为，培养做事一丝不苟的美德，不仅要把事情做完，还要注重其中的过程及成果的展现。这就是专业精神的体现。

因此，追求卓越的专业精神，就是需要长时间集中精力努力地工作，就是暂时把问题放在一边进行松弛的能力，就是不断正视困难，就是高标准、顽强地工作。不管做什么事情，都要全力以赴。成功的秘诀无他，不过是凡事都自我要求达到极致的表现而已。

### 4. 乐观面对，提高挫折承受力

心理学将挫折定义为，个体有目的的行为受到阻碍而产生的必然的情绪反应，会给个体带来实质性伤害，表现为失望、痛苦、沮丧、不安等。杜鲁门·卡波特曾说：“失败是加在成功上面的调味剂。”人的需要不是任何时候都能够得到满足的，人在社会环境中难免遇到阻碍，如此一来就会产生挫折感，带来消极心理，影响后续目标的产生和实现。很多人面对挫折时都消极地采取了躲避的态度。殊不知，躲过了挫折也就恰好错过了锻炼自己的难得的机会。一次“知难而退”可能意味着以后更多的挫折。

挫折是难以避免的客观事实，是不可预防的，我们应勇于面对挫折，更重要的是在挫折中学习，明白只有在挫折中学到更多，才能变得更坚强，才能走向更大的成功。不如意是人生路上自我反省的一面镜子，是每一个生活在现实社会中的人必有的经历。遇到挫折不可怕，问题是应该怎样认识挫折、对待挫折。这就需要我们面对现实，承认挫折，认真、冷静、客观地分析主观和客观上的种种因素，找到出现挫折的关键。绝不能因为遇到挫折而产生消极情绪。相反，为了战胜挫折，更要有激情，依靠坚强的意志力，把挫折对个人的打击当成磨炼自己的最好机会。正如居里夫人所说：“我从来不曾有过幸运，将来也永远不指望幸运。我的最高原则是，不论任何困难，都绝不屈服。”锲而不舍，金石可镂。任何领域中的丰硕成果都是不畏挫折、长期奋战的结果。

**5. 协同作战，树立团队精神**

团队成员互相提供帮助和鼓励，每个人都能贡献出自己独特的技能，团队一致性和认同感激励着团队成员为实现共同的目标而努力奋斗，这就是团队精神。对于一个集体、一家企业甚至是一个国家，团队协作都是非常关键的。微软公司在美国以特殊的团队精神著称。像 Windows 2000 这一产品的研发，就有 3 000 名开发工程师和测试人员参与，写出了 5 000 万行代码。没有高度统一的团队精神，没有全部参与者的默契与分工合作，这项工程是根本不可能完成的。一支优秀团队的潜力是不可估量的，“三个臭皮匠，赛过诸葛亮”就是这个道理。正是集体的力量，使得一支团队能够超越简单的“1+1=2”式的人数相加，达到“1+1>2”式的团队协作。

衡量一个人的工作表现，并不仅仅看其个人取得的成绩。若你在工作中离经叛道、形单影只或与同事龃龉过多，这些状况也会成为你通往成功之路的暗礁。因此，作为团队成员，要承担起自己应负的职责，明确自己和他人在团队中的定位，积极参与团队决策，尊重团队中的每一位成员，不做损坏团队协作的事，处理好集体与个体的关系，克服自我主义，朝着共同的目标迈进。

## 测试 3

### 员工心理测试

员工心理测试是以美国兰德公司拟制的一套经典心理测试题为蓝本，根据中国人心理特点加以适当改造后形成的心理测试题，目前已被一些知名公司作为员工心理测试的重要辅助试卷，收到了较好反响。请你将自己的答案填入表2—1 中。

表 2—1　　员工心理测试

| | 题目 | 题项 | 答案 | 得分 |
|---|---|---|---|---|
| 1 | 你更喜欢吃________ | A. 草莓　B. 苹果　C. 西瓜　D. 菠萝　E. 橘子 | | |
| 2 | 你平时休闲经常去的地方是________ | A. 郊外　B. 电影院　C. 公园　D. 商场　E. 酒吧　F. 练歌房 | | |
| 3 | 你认为容易吸引你的人是________ | A. 有才气的人　B. 依赖你的人　C. 优雅的人　D. 善良的人　E. 性情豪放的人 | | |
| 4 | 如果你可以成为一种动物，你希望自己是________ | A. 猫　B. 马　C. 大象　D. 猴子　E. 狗　F. 狮子 | | |
| 5 | 天气很热，你更愿意选择________方式解暑 | A. 游泳　B. 喝冷饮　C. 开空调 | | |
| 6 | 如果必须与一种你讨厌的动物或昆虫一起生活，你能容忍________ | A. 蛇　B. 猪　C. 老鼠　D. 苍蝇 | | |
| 7 | 你喜欢看________电影、电视剧 | A. 悬疑推理类　B. 童话神话类　C. 自然科学类　D. 伦理道德类　E. 战争枪战类 | | |

续表

| | 题目 | 题项 | 答案 | 得分 |
|---|---|---|---|---|
| 8 | 以下________是你身边必带的物品 | A. 打火机 B. 口红 C. 记事本 D. 纸巾 E. 手机 | | |
| 9 | 你出行时最喜欢的交通工具是________ | A. 火车 B. 自行车 C. 汽车 D. 飞机 E. 步行 | | |
| 10 | 你更喜欢的颜色是________色 | A. 紫 B. 黑 C. 蓝 D. 白 E. 黄 F. 红 | | |
| 11 | 你最喜欢运动项目是（不一定擅长）________ | A. 瑜伽 B. 自行车 C. 乒乓球 D. 拳击 E. 足球 F. 蹦极 | | |
| 12 | 如果你拥有一幢别墅，你认为它应当建在________ | A. 湖边 B. 草原 C. 海边 D. 森林 E. 城中区 | | |
| 13 | 你更喜欢的天气现象是________ | A. 雪 B. 风 C. 雨 D. 雾 E. 雷电 | | |
| 14 | 你希望自己的窗口在一座30层大楼的第________层 | A. 7 B. 1 C. 23 D. 18 E. 30 | | |
| 15 | 在这些城市中，你更喜欢在________生活 | A. 丽江 B. 拉萨 C. 昆明 D. 西安 E. 杭州 F. 北京 | | |

注：扫描封底二维码，查看测试结果分析。

## 第二节 职业心态

好的职业心态是营养品，会滋润我们的人生，正所谓，积累小自信，成就大雄心，积累小成绩，成就大事业。良好的职业心态是职业人成功的法宝。

### 一、何为职业心态

职业心态（professional psychology）是人们内心对于职业以及与职业有关事件的态度、观点和看法，或称职业价值观。这种态度、观点和看法一旦形成，就会对我们今后的行为起到导航、引路的作用，所以，职业心态在一定意义上是职业人生的导航仪与灯塔，它尽管看不见、摸不着，但它始终引领着我们的职业方向。

每个踏入职场的人都有两种心态，一种是个人心态，另一种是职业心态。个人心态是指根据个人的感情变化，可以随时表露出来的一种心理反应，是在私人空间、在个人生活当中可以表露出来的一种心态。而职业心态是指在职业活动过程中应该根据职业的需求表露出来的心理感情，是对自己的职业以及职业能否成功的一种心理反应。有相当数量的人，分不清个人心态和职业心态，只考虑自己的情绪，用自己的个人心态对待工作。

有这样一则故事，一名中国留学生在日本东京一家餐馆打工，老板要求他刷盆子时要刷 6 遍。一开始他还能按照要求去做，但刷着刷着，他发现少刷一遍也挺干净，于是只刷 5 遍；后来，发现再少刷一遍仍然很干净，于是又减少了一遍，只刷 4 遍。他暗中留意一名打工的日本人，发现这名日本人还是老老实实地刷 6 遍，速度自然要比自己慢许多，他便出于“好心”悄悄地告诉那名日本人可以少刷一遍，看不出来的。谁知那名日本人一听，竟惊讶地说：“规定要刷 6 遍，就该刷 6 遍，怎么能少刷一遍呢？”

故事中这名中国留学生的行为反映出的就是他的职业心态有问题。

## 二、不同的职业心态

有句话说：“你有什么样的命运取决于你想要什么样的命运，你是什么样的人取决于你想做什么样的人。”影响我们人生的不仅仅是外在的环境，更重要的是内在的心态。身居职场的企业员工主要存在三种不同的职业心态，如图 2—3 所示。

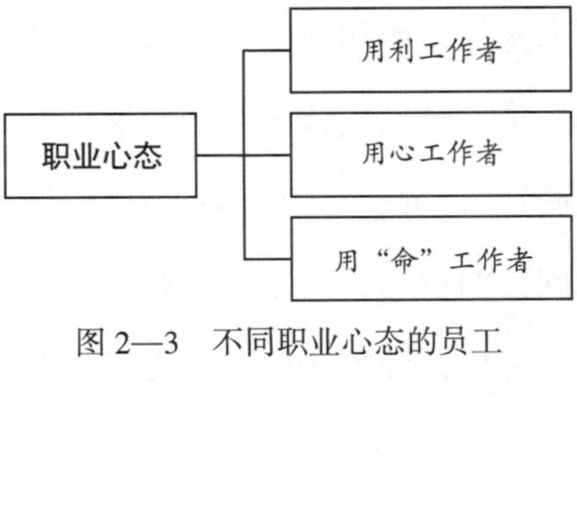

图 2—3　不同职业心态的员工

### 1. 用利工作者

职场中用利工作者往往占大多数，他

们为了钱而工作。在他们眼里，工作是赚钱糊口的无奈之选。提起工作，他们就会想到每天乘坐拥挤的公交车赶去公司打卡，就会想到办公室里机械而枯燥的事务，就会想到老板、上司严肃的面孔和同事之间的明争暗斗。这类企业员工虽然每天盯着计算机屏幕，手指不停地在键盘上敲击，但他们对自己输入的内容没有任何兴趣。工作时间，他们人在心不在，唯一的期盼就是早点下班；他们缺乏长远的工作计划，“做一天和尚撞一天钟”。他们中许多人对工作感到厌倦，无法从工作中获得乐趣和幸福感。他们很容易在工作中产生消极被动、怨天尤人、见异思迁等阻碍职业发展的负面心态。

（1）消极被动的心态有四种表现：一是思想懈怠，行为懒惰；二是工作拖延，效率低下；三是敷衍应付，得过且过；四是借口不断，逃避责任。有一次，某航班上出现了奇怪的现象：座位中间狭窄的通道里，乘客排起了长队，等待上卫生间。原来经济舱的两个卫生间中有一个坏了，只有一个能使用。排队的乘客向一位空姐提出解决这一问题的要求时，空姐冷冷地回答道：“卫生间坏了，我有什么办法！”几位乘客立即反驳道：“卫生间坏了是因为你们工作没有做好，不应该让乘客承担这个后果。”空姐没有理会乘客的意见，转身就走了，排队的乘客只好无奈地摇头。这则故事中空姐的表现就是典型的消极被动。而造成消极被动的主要原因就是，把工作当作苦役，当作要应付的差事，缺乏工作热情和工作动力。员工在工作中的消极被动会导致工作的低效率和低品质，不仅影响员工个人的绩效，还可能损害企业形象甚至产生事故隐患。

（2）怨天尤人的人只知索取，不愿付出；只见问题，不见办法；只会抱怨，不懂感恩。因而他们要么怨声载道、斤斤计较，要么频繁更换工作以求自我安慰，逃避自己应该面对的问题。猫头鹰忙碌地在树林里飞着，一旁的斑鸠好奇地问：“老兄，你究竟在忙什么？”猫头鹰回答说：“我在忙着搬家。”斑鸠不解地问：“这树林不是你的老家吗？你为什么要搬走呢？”猫头鹰叹气道：“在这个树林里，我实在住不下去了，大家都讨厌我的叫声。”斑鸠同情地说：“你唱歌的声音实在不敢恭维，尤其在晚上更是扰人清梦。其实，你只要改变一下你的声音，或者在晚上不要唱歌，在这林子里你还是可以住下去的。否则，即使搬到其他地方，那里的动物也一样会讨厌你。”仔细想来，很多企业员工颇像这只猫头鹰，总是在抱怨环境对自己不利，领导、同事对自己不好，而从来没有从自身找原因。在工作中产生怨天尤人心态的主要原因就是“打工心态”，在回答“为谁工作”的问题时，他们的回答往往是“为老板”，他们从来没有把自己当成企业的主人。

（3）见异思迁。“外面的世界很精彩，里面的世界很无奈。”有些人缺乏明确的职业发展目标，这山望着那山高，或被高薪所吸引，或幻想有完美的公司和职位等待自己，或希望通过跳槽逃避应面对的挫折和困难，于是频繁调换工作，给公司和自己都造成了损失。小张在房地产行业鼎盛时期进入一家大型投资集团做投资管理顾问。后来，受行业竞争加剧与政府政策调控的影响，小张感到岗位发展受到了限制，于是跳槽到某基金公司投资部做起了投资顾问。两年后，行业发展倒是不错，但升迁、加薪却与他一直无缘。基于自己做出的“上升空间不大”的判断，小张主动辞职，又选择了一家会计师事务所做起了财务审计工作。三个月后，对于新的工作他感到很不适应，单一的工作内容与职业发展上限让他感到非常失望。见异思迁者做事常常只有 3 分钟热情，缺乏专注与执着的精神，容易半途而废，导致许多工作虎头蛇尾、有始无终。

**2. 用心工作者**

用心工作者的职业心态是为自己而工作。他们认为工作不是为老板，也不只是为薪金，工作是自己的事情，和自己的成长、未来的发展息息相关，必须全力以赴做好工作。25 年用心做好一名邮差的清水龟之助就是用心工作者的典范。清水龟之助是日本一名普通的邮差，他每天一大早出门，骑着自行车，载着报刊和邮件，穿梭于大街小巷。在现代日本社会，很少有人以此为终身职业，因为这个差事辛苦且收入微薄。但是，清水龟之助一干就是 25 年，而且从未有过放弃的念头。人们这样评价他说："凡是接受过他服务的人都很喜欢他，因为他每天都很快乐，从他手中拿到信件的时候，也收到了一份快乐。"清水龟之助的工作很平凡，但他持之以恒的精神和快乐工作的态度十分可贵，后来日本政府授予他终身成就奖。这个国家级的奖项通常情况下只授给社会名流与各行业的精英，一名普通的邮差能够获得这个奖项是非常不容易的。

邮差成千上万，对大多数人而言，它只是一份工作而已。但是，清水龟之助对待工作的态度则不同，他是认真地用心在工作。用心工作者在工作中往往表现出强烈的工作意愿，在行为上非常主动、自觉。许多事业有成的人都属于这一类工作者。

**3. 用"命"工作者**

用"命"工作者的职业心态是为使命而工作。用"命"工作者是稀有的一群人，他们把自己从事的职业和人生的最高目标结合在一起，将工作视为自己的使命，因此他们能够带着极大的热情和使命感，自动自发、全心全意、尽职尽责地去工作。

曾任可口可乐公司首席执行官的罗伯特·戈伊苏埃塔 1997 年去世时，他经营的可口可乐公司股票的市场价值从他刚接手时的 40 亿美元上升到 1 500 亿美元。据说在他病重期间，病房里仍放着一部股票机、两部传真机，他仍然时刻关注着全球股市的变化和各种生产经营信息。他临终时说："人们对我身体的担心是可以理解的，但不应该对可口可乐公司有任何的怀疑，公司目前的经营业绩比任何时候都出色。"作为世界知名公司首席执行官，戈伊苏埃塔拥有亿万家产，按照常人的理解，他早该功成身退了。但戈伊苏埃塔关注的不是自己的身体，也不是个人的得失，而是公司的前途和命运。他真正把自己的全部献给了公司，达到了"忘我"的境界。

著名舞蹈家杨丽萍说，她是为舞蹈而生的，上天让她用自己的肢体去向人们表达情感，这就是她的使命。基于这种使命感，她每天坚持练功 8 小时，把无数人认为枯燥无味、辛苦的事情当成一种乐趣，因此，她的舞蹈才有了令人震撼的生命力。一个人一旦将工作视作自己的使命，他就会把职业与生命的意义联系起来，即使是平凡、辛苦、枯燥的工作，也能从中感受到价值的存在。真正意义上的敬业就是这样不计较个人得失的真心奉献，只有带着使命感工作的人才具有这样的境界。

日本船井综合研究所曾做过一项有关“干劲效率”的测试。测试结果是：如果接受命令被迫工作的效率为 1.0 的话，那么，接受命令以后自觉工作的效率是 1.5~2.0。对于同样的工作，如果是自己主动提出并获准进行的，工作效率是 2.2~3.0；如果带着使命感去工作，工作效率则是 3.1~3.6。可见，带着使命感工作，效率最高，也最有可能获得成就感。

## 三、如何保持好的职业心态

一个人能否在职业领域获得成功，15%取决于专业技能，另外的 85%则取决于职业心态。知识技能只是教会我们做什么和该怎么做，而职业心态则决定了我们是否会主动去做。在整个职业生涯中，职业心态决定了我们的职业行动和思想，也成就了我们的视野、事业和境界。良好的职业心态使我们在哪条船上做水手，我们就是那条船上的好水手。那么，我们又该如何保持好的职业心态呢？

### 1. 保持积极向上的心态

我们需要具备积极的心态，克服消极的心态。积极的心态可以让我们在职场如鱼得水，而消极的心态则会把我们的工作搞得一团糟。我们应该在工作中保持积极态度，树立强烈的责任感，勇于承担责任。在遇到问题时，把精力放在寻找解决问题的办法上，深入思考并发挥主观能动性，而不是只顾抱怨，一味地“等、靠、要”。可以说，保持积极向上的心态就是全身心地投入工作，积极想办法解决问题，而不是一味逃避，千方百计找借口。

**2. 保持空杯的心态**

空杯心态属于一个心理学概念，也是一种禅机，更是一种境界。想想我们在遇到挫折的时候，心中往往装满了牢骚、忧郁、无助，甚至会产生自暴自弃的消极情绪，奋进向上的积极情绪往往无处容身。保持空杯心态，首先要努力避免工作、学习和生活中出现浮躁和骄傲心理，懂得用一只空着的杯子去盛放我们所需要的一切，始终让自己以学徒的心态前行，通过不断学习和实践，获得持续的进步和发展，使拥有的知识始终处于最新和最优状态。老舍说过："骄傲自满是我们的一座可怕的陷阱，而且，这个陷阱是我们自己亲手挖掘的。"学无止境，不管才华有多好、造诣有多高，都需要不断学习、不断进步。可以肯定的是，越成功的人，越喜欢学习，骄傲自满、自高自大的人往往难以进步。保持空杯心态，能够给予人学习的动力，促使人不断吸收新的知识，在学习中获得新的智慧、新的感悟。

**3. 保持自信的心态**

自信是自我评价基础上的一种积极态度，是发自内心的自我肯定与信任。无论对于工作、事业还是人际交往，保持适度自信的心态非常重要。在工作中，自信的态度有助于提升工作积极性；只有对自己充满自信，积极性才能有坚实的根基，才能够在工作中长久保持。在工作中充满自信，便会充满干劲。在人际交往过程中，自信的态度有助于提高自己与他人沟通的效率；只有充满自信，自己的个人魅力才能够毫无保留地展现在他人面前，才能和他人进行真正平等互信的沟通。正所谓只有自己相信自己，他人才会相信你。所以，我们在工作中要充满自信，在人际交往中充满自信，自信的心态是职业道路上最好的润滑剂。

## 第三节　职业幸福感

追求幸福是人生的主题，也是人奋进拼搏的原动力。对于一个职业人而言，如果不能从工作中获得足够的幸福感，那么他对自己的职业生涯又怎么能投入足够的热情，保持积极的心态，获得不断学习、不断进步的动力呢？可见，获得高水平的职业幸福感是非常重要的。

### 一、何为职业幸福感

职业幸福感是指个体在从事某一职业时基于需要得到满足、潜能得到发挥、力量得以增长所获得的持续快乐体验。企业员工，不论所从事的是哪个行业，都能够取得职业成就并从中获得职业幸福感：工人以生产出对顾客来说有价值的产品为幸福，医生以医治好每一位病人为幸福，教师则以桃李满天下为幸福。一名优秀的职业人在取得事业成功的同时，也一定会收获职业幸福感，而这份幸福感将转化为动力，推动他在事业上取得更大的成功。

对企业来说，能否使员工获得职业幸福感是检验企业管理成效的重要标尺；对于企业员工来说，是否拥有职业幸福感，既是对企业满意度、忠诚度的体现，又是自身需要是否得到满足、价值是否得以实现的一种表现。

### 二、如何提升员工的职业幸福感

就像幸福的定义因人而异，职业幸福感也会因行业、岗位的不同而表现出不同的形式。但无论如何，对于职业人来说，职业幸福感是其必然的追求。只有收获职业幸福感的职业人，才可能对职业生涯始终抱有激情和热情。要提升员工的职业幸福感，可以从以下三个方面去努力。

**1. 职业幸福感来源于和谐温馨的团队**

一个人能获得什么程度的职业幸福感，很大程度上取决于他处在一个什么样的团队中。一个和谐温馨、分工明确的团队能充分发挥团队成员的特长，能够产生强大的凝聚力，将团队配合的作用发挥到极致，达到“1+1>2”的效果。一个职业人在这种团队中工作，他的能力能够得到充分的发挥，努力能够得到大家的认同，方便构建和谐的人际关系，自然能够获得高水平的职业幸福感。

**2. 职业幸福感来源于自我成长和自我价值的实现**

心理学家马斯洛在《动机与人格》一书中提出了需求层次理论，把人类的需求像阶梯一样从低到高分为五个层级，即生理需求、安全需求、社交需求、尊重需求、自我实现需求。这些需求生成了个人的目标和行为，完成这些目标和行为能使个人到达幸福的彼岸。其中，自我实现是指个体的各种才能和潜能在适宜的社会环境中得以充分发挥，实现个人理想和抱负的过程。如果满足了自我实现需求，所获得的幸福感会远远超过满足前四种需求所获得的幸福感。对于一个职业人而言，个人自我实现需求就体现为在工作中能够获得自我成长和实现自我价值。这需要职业人认真、积极地对待自己的工作，将自己的工作和个人的理想结合起来，不断学习精进。坚持如此做下去，在工作取得成绩和突破时，职业人就一定能收获高水平的职业幸福感。

**3. 职业幸福感来源于自我调节**

在工作中，我们难免会遇到压力和烦恼。如果不加以调节，这些压力和烦恼难免会引发负面情绪，影响我们的职业幸福感，甚至会更进一步对工作效率和人际关系产生不良影响。我们要明白这些压力和烦恼是难以避免的，没有人能够保证自己的职业生涯一路顺遂。但这不意味着我们应该对这些负面状况放任自流，我们应该通过一些手段调整自己的心态，尽快疏导自己的负面情绪，减少它们的影响：我们应该保持冷静、理性的思考，尝试排解压力和烦恼的来源，想办法认清并寻求解决问题的方法；我们要放平心态，切不可任由自己被负面情绪所支配；我们要始终保持积极、主动的心态，勇敢地面对并解决问题。与此同时，我们要善用一些辅助手段，如合理的宣泄、适度的运动、保持规律的作息等。及时、合理的自我调节可以帮助我们面对工作中的压力和烦恼，成为职业幸福感的“守护神”。

综上所述，职业幸福感既是每一个职业人当下的快乐体验，也是每一个职业人所梦想实现的幸福境界。职业化的终极目标不仅是具有较高的职业素养，更是为了实现成功所带来的职业幸福感。

## 测试 4

### 你拥有良好的职业心态吗？

在职场中，职业心态很重要，它影响甚至决定了职业人在自己的职业生涯中所能取得的成就大小。现在，我们就通过测试来看看自己是否拥有良好的职业心态。

**测试题目**（破折号后为应完成下道题目的序号或你所属的类型）

1. 生活中，你是否属于“问题”人群，总是遇到各种各样的问题？

是的——2

没有——4

还好——3

2. 你是否是一个处理问题的高手？

是的——4

并不是——3

不好说，看是什么问题——6

3. 在工作中，你是否认为自己是一个能力超强的人？

是的——4

不是——7

不好说，看情况——5

4. 你是一个善于制订学习计划，懂得运用学习方法的人吗？

是的——6

不是——7

不好说，偶尔是——8

5. 不管在怎样的困难面前，你都不会畏惧、不会慌乱吗？

是的——7

不是，很不淡定——8

不好说，看情况——6

6. 只要遇到困难，你的工作和生活就会受到影响吗？

是的——9

不会有所影响——7

不好说，看情况——10

7. 在遇到困难的时候，你是否会立即求助他人？

是的——8

不会——10

不好说，看情况——9

8. 通常情况下，你倾向于独自解决遇到的问题吗？

是的——9

不是——C

不好说，看情况——10

9. 不管是怎样的难题，都很难轻易地打败你吗？

是的，我很坚韧——A

不是，我很脆弱——B

不好说——10

10. 生活中你很喜欢和勇敢的人做朋友吗？

是的——C

不是——D

不好说，看情况——B

注：扫描封底二维码，查看测试结果分析。

## 阅读材料

### 求职者心态变化：“70 后”最在意钱，“90 后”重视兴趣

近日有媒体报道称，应届生找工作最关心的不再是工资。相关专家表示，如今的应届生并不像以前的大学毕业生，工资并非第一关注点，工作状态、工作环境以及未来的发展空间是这些求职者更关心的要素。那么，“70 后”“80 后”“90 后”在求职心态和择业情况上有了什么样的变化呢？

**1. “70 后”重视工资待遇，“80 后”求变想法更强**

在求职中，你最看重的要素是什么？对于这个问题，多数“70 后”会回答“薪金”，由此可见他们比较重视工资待遇，不太考虑其他的因素。这是因为“70 后”毕业生的就业很多是由国家分配的，他们在价值观方面还带有计划经济时代的痕迹，将政府机关、国有企业视为绝对的“正宗”。所以，“70 后”毕业生比较重视工资待遇，对工作是否快乐轻松考虑得不太多。在工作之后，“70 后”往往想方设法寻求稳定，实在对工作不满意了，才会选择跳槽。

与“70 后”相比，“80 后”的学生自己找工作的观念已经形成，进校后就有了择业方向，知道自己想要做什么，很多学生甚至在大三时就到企业去实习了。除了明确择业方向外，“80 后”择业时开始重视工作是否愉悦。虽然政府

机关和国有企业仍是“80后”择业的主要方向，但民营企业也被纳入选择范围。此外，“80后”求变的意愿较“70后”强，他们在工作的过程中随时可能跳槽、读研、出国深造。

2. 90后求职者具有鲜明特点

**关键词1　个人兴趣**

业界专家分析，随着“90后”求职者的持续涌入，一份工作是否是“好工作”的标准已从“追求物质成功”逐步转向“工作是否幸福、生活是否快乐、能否相互尊重”的多元化格局。在“90后”的心目中，更重要的是做自己喜欢事情的兴奋和尽力做就好的健康心态。他们认为不能盲目地把就业放在第一位，就业后在符合自身兴趣的基础上形成独立思考的能力，才更有利于个人的长远发展。

与“70后”“80后”找工作求稳、求高薪不同，“90后”认为，找工作唯一不能妥协的就是兴趣，而薪金、工作地点“都好商量”。“90后”之所以在择业观上敢于喊出不同声音，坚持“只找自己喜欢的”，其重要原因来自家庭和生活环境的影响。他们的父母多是“60后”，正值事业高峰，有能力为家中唯一的孩子提供坚强“后盾”。所以，与“70后”“80后”相比，“90后”进入职场后更注重自我意识，喜欢环境好、轻松、自己中意的工作。

**关键词2　自由程度**

“自由”也是“90后”求职者普遍强调的关键词。他们把工作视为生活的一部分，认为工作并不是人生的全部，对人生和生活方式的理解有别于“70后”“80后”。他们更重视工作的自由度、轻松度、快乐感，择业的灵活性也变得更强。据相关人士介绍，“90后”应聘者更加重视工作时间的“自由”，喜欢“朝九晚五”的稳定，不喜欢加班。对他们来讲，工作是享受人生和生活，不应疲于奔命。

“90后”成长在一个物质资源丰富的环境里，虽然有更多的工作机会，但他们在选择工作时更在意软性因素，对一份工作要求维系更多的情感需求，比如最好有比较长的固定休假。如果一份工作工资高但要经常加班，而另外一份薪水低些却有固定假期，他们宁愿选择后者。“要钱更要闲”，正在成为新一代职场人的就业观。不少“90后”认为，工作不是生活的全部，该休息时就要休息。

**关键词3　职业发展**

专家指出，新生代劳动力对生活的追求与上一代相比有很大的变化。最近几年很多关于员工敬业度的调查发现，员工最关心的问题中排在第一位的是职业发展，第二才是薪酬，第三是绩效管理。当员工把职业发展放在首位、薪酬放在次要位置时，原来企业管理采取的那种低工资和强制约束的管理方式就受到了很大的挑战，目前企业管理中遇到的很多问题也都与此有关。

相关数据表明，新生代求职者的求职观念已经发生改变。“90后”求职者选择最佳雇主标准前5项分别是“完善的福利待遇”“企业具有良好的发展前景”“和谐的内部人际关系”“公平公正的用人原则”和“提升个人核心能力的机会”。与“70后”“80后”不同的是，“90后”已经不再看重高薪酬，为追求实现内在价值，他们可以随时换工作。同时，对待职业发展，他们强调“我的地盘我做主”。

**3. 有更强的自信心，缺少更多的耐心**

在职场上，“90后”表现出了更强的自信心。职场人士不难发现，“90后”新员工非常愿意表现，看上去是一个不会拘谨的群体，同时也更期待自己的工作受到认可——他们会有什么都想去尝试的想法，也会认为如果值得，他们什么都可以做好。但同时他们也比较容易有挫败感，不太愿意听人说教。业内人士分析，有这些表现是因为他们的自我评价一般总是高于外界对他们的实际看法。

同时，这个群体也收到了不少关于他们“不靠谱”的评价，区别于前辈，“90后”表现得缺乏耐心，但同时他们也应该得到更多的宽容和理解。业内人士认为，“90后”缺乏耐心的原因，可以归因于他们的成长环境本身就处在巨大的变化中。而他们之所以被认为“更加现实”，也是因为他们这代人遇到同样生活问题的年龄提前了，太多的信息和太多的选择其实也会构成一种很大的压力。

## 职业活动训练

### 性格职业心理测试

元旦前夕，你想做一顿大餐犒劳自己和家人，你去菜市场会先买下面哪种菜？

A. 干货　　B. 鱼类　　C. 豆制品

D. 牛肉　　E. 蔬菜

注：扫描封底二维码，查看测试结果分析。

## 思考题

1. 谈一谈你对成功的理解。
2. 谈一谈你想从事或现在正在从事的职业能够体现出什么样的职业价值。
3. 你会在什么状况下辞掉一份工作？为什么？

# 第三章

# 职业责任、职业道德与职业精神

人生须知负责任的苦处，才能知道有尽责的乐趣。

——梁启超

## 学习要点

☆ 职业责任、职业道德与职业精神的内涵

☆ 职业人的行为规范以及如何成为一个值得信赖的人

☆ 如何培养自己的职业责任感以及职业精神

## 案例

### 向刘医生学习职业精神

一天晚上8点，刘医生3岁的女儿突然呕吐得厉害，而且还发着烧。正当他和妻子准备送孩子去医院时，电话铃响了，他的病人半小时前消化道出血，需要立刻手术！一边是自己突发急病的孩子，另一边是需要手术的病人，刘医生毅然做出了选择。他立即赶到医院为病人进行手术，在手术完成后，他才回去照看自己的女儿。

这则消息很快在全城传开，大家纷纷称赞刘医生医德高尚，先人后己。

事实上，刘医生做出决定是基于他对双方病情的准确判断的：女儿的症状很可能是急性肠胃炎引起的，如果及时处置就没有大碍；而那位消化道出血的病人，若不及时接受手术随时可能引起大出血。试想，要是女儿的病情更严重，刘医生却不管不问，非得去救病情不紧急的患者，这样的“医德”也有点不合常理了。

刘医生的行为体现了他的职业精神，值得点赞。

职业精神，就是根据事情的是非曲直去判断，按照职业规范去办事，不因人情羁绊而改变。春秋时，晋平公问祁黄羊：“有个职位缺人，谁干合适？”祁黄羊推荐了解狐。晋平公愣了：“他不是你的仇人吗？”祁黄羊说：“您问的是谁适合干这份工作，没问是不是我的仇人。”后来又有了一个职位，晋平公又问祁黄羊，这次祁黄羊推荐的是祁午。“他不是你儿子吗？”祁黄羊答道：“您问的是谁合适，没问是不是我儿子。”这就是著名的“内举不避亲，外举不避仇”。孔子赞之曰“公”，祁黄羊就是一位具有职业精神的举贤人。

回到刘医生这件事上，我们应该学习的正是他不分亲疏、以病情严重程度排序的职业精神。当裁判，就应该按照规则办事，不能因为主场、客场有所区别；当厨师，就得保证自己手下的食材干干净净，自己吃和顾客吃坚持一个标准；当酒店的保洁人员，就得以将所负责的区域打扫得干净卫生为操守，就像在打扫自己的家一样。

从这个意义上说，尊重职业，其实就是一种道德、一种精神。大家都按照职业标准，履行职业责任，干好自己手中的工作，一定会人人受益。

## 第一节 职业责任

歌德曾说：“责任就是对自己要求去做的事情有一种爱。”责任是一种主体的内在意识行为，是一种外在要求的内化。也就是说，当一个人将外在的强制性要求内化为自身的意识行为时，我们就可以说他是一个有责任感的人。对于职业责任而言也是如此。

### 一、何为职业责任

职业责任是指人们在一定职业活动中所承担的特定的职责，它包括人们应该做的工作和应该承担的义务。职业责任是由社会分工决定的，是职业活动的中心，也是构成特定职业的基础，往往通过行政的甚至法律的方式加以确定和维护。

### 二、职业责任的种类

职业责任可分为消极责任和积极责任两种。其中，在消极责任的定义中，责任是作为一种义务的责任，是关于在给定状态下谁来承担责任的问题，即在事情发生后所要承担的责任。消极责任的一个中心问题是“你为什么那么做”(why did you do it)，而积极责任则重点强调当前状态下的活动，或是对未来不希望发生的事情的阻止行为，它的中心问题是“需要做什么”（what is to be done）。

新时代职业责任有了更为丰富的内涵，包含个人责任、对家庭的责任、对组织的责任和对社会的责任四个层面。其中，个人责任最为重要，是其他一切责任的基础。

## 测试5

### 你是一个有责任感的人吗？

请根据第一感觉作答。

1. 与人约会，你通常准时赴约吗？（　　）

A. 是　　B. 否

2. 你认为自己可靠吗？（　　）

A. 是　　B. 否

3. 你会未雨绸缪地储蓄吗？（　　）

A. 是　　B. 否

4. 发现朋友犯法，你会通知警察吗？（　　）

A. 是　　B. 否

5. 外出旅行，找不到垃圾桶时，你会把垃圾装好带走吗？（　　）

A. 是　　B. 否

6. 你经常运动以保持健康吗？（　　）

A. 是　　B. 否

7. 你忌吃脂肪含量过高或其他有害健康的食物吗？（　　）

A. 是　　B. 否

8. 你永远先做正事，再做休闲活动吗？（　　）

A. 是　　B. 否

9. 你从来没有放弃过任何选举权利吗？(　　)

A. 是　　B. 否

10. 收到别人的来信后，你总会在一两天内就回信吗？(　　)

A. 是　　B. 否

11. “既然决定做一件事情，那么就要把它做好。”你相信这句话，是吗？(　　)

A. 是　　B. 否

12. 与人相约，你从来不会失约，即使自己生病也不例外吗？(　　)

A. 是　　B. 否

13. 你从来没有犯过法吗？(　　)

A. 是　　B. 否

14. 在求学时代，你经常拖延交作业的时间吗？(　　)

A. 是　　B. 否

15. 小时候，你经常帮助家长做家务吗？(　　)

A. 是　　B. 否

注：扫描封底二维码，查看测试结果分析。

### 三、职业责任的内容

一般来说，职业责任包含两个方面的内容：一方面，职业责任意味着从业者对自己从事的职业所肩负的职责和应尽的义务；另一方面，职业责任也意味着从业者对自己从事的职业所应该承担的后果和责任。

#### 1. 从业者对自己从事的职业所肩负的职责和应尽的义务

第一，对个人的责任。这是自我产生的责任意识，是由自己而不是因为其他主管或制裁机构强迫个人产生的责任意识。它要求自己对自己负责，自己就是自己的主管，能够对自己进行评判，是自己对自己、对自己行为的责任。卡夫卡曾经说过："人只因承担责任才是自由的，这是生活的真谛。"一个人首先要有自我责任意识，才能谈得上履行社会责任。深刻的自我责任意识是一切行为的根基，它突显了人生存的意义。

第二，对集体的责任。这是从业人员对自己供职单位所承担的职责和义务。职业责任与职业行为是相伴随的，它既包含了职业场所和职业行为本身的客观规定，也凝结了劳动者对工作的关注与参与。在不同职业和在同一职业的不同岗位工作的人，所承担的责任大小是有差别的。一名管理者的职业责任一般要大于一个员工的责任。然而，不论在职业行为中承担着怎样的责任，每位职业人都必须在职业行为之前就建立起明确的责任意识，在职业行为中都有同等的道德责任，对工作都应该尽心尽力。能否意识到自己职业行为中的责任，会直接影响职业人以怎样的态度和方式从事职业活动。在实际生活中，那些有职业责任感的人不仅在工作中严谨认真、一丝不苟，而且总是主动承担工作中的过失。

第三，对社会的责任和义务。所有职业人都是社会的一分子，都承担着一定的社会责任，社会正是通过分工把各种职业的社会责任和义务赋予每个职业人，因而每个从业者都必须承担一定的社会任务，为社会做出应有的贡献。每一种职业的具体工作都要由从业人员来操作完成。从业人员必须明白自己所从事的职业与社会之间的关系，从而认清自身所肩负的社会责任。例如，企业家肩负着发展经济和促进社会进步的双重历史重任，应该牢记自己对社会的责任、对国家的义务，而不是只顾着挣钱就行了。因此，每一名从业者都应该树立起强烈的社会责任意识，形成对自己所应承担的社会职责、任务和使命的自觉意识。

**2. 从业者对自己从事的职业所应该承担的后果和责任**

每一种职业都有相关的法律法规和职业道德规范来规定从业者的职业行为及其因此而承担的责任。职业责任的承担形式不一，主要有道德责任、纪律责任、行政责任、民事责任和刑事责任五种。

第一，道德责任。道德责任是指从业人员在履行职业职责的过程中，由于违反职业道德而受到同行的批评、社会舆论的谴责或自我良心的谴责。这是从业人员最基本的一种承担职业责任形式。

第二，纪律责任。纪律责任是指从业人员在履行职业职责的过程中，因违反职业规范、职业纪律而应当受到的纪律处分。纪律处分一般有警告、记过、记大过、降级、降职、撤职、开除等。

第三，行政责任。行政责任是指从业人员在履行职业职责的过程中，因违反行政法规而依法应当承担的责任。如对律师的行政处罚就有警告、没收违法所得、停止营业、吊销执业证书等方式。

第四，民事责任。民事责任是指从业人员在履行职业职责的过程中，因故意或过失而违反了有关法律、法规或职业纪律，构成民事侵权、形成债权债务关系等依法应当承担的责任。

第五，刑事责任。刑事责任是指从业人员在履行职业职责过程中，因个人行为给国家、集体或个人造成损失、伤害，并触犯了刑法的有关规定依法应当承担的责任。

### 案例

## 意料之外

某日，某企业招聘现场，等候着许多拥有研究生、本科学历的应聘者，而且很多应聘者清秀靓丽。小王也在应聘者行列，不过她只有大专文凭，相貌上也没有什么优势，是一个很容易被忽略的女孩。一看到现场这场面，她心想：“今天招聘看来与我无缘了，我学历低、长得也不漂亮，还是趁早走吧。”她边想边站了起来，就在她起身时，新买的连衣裙被凳子上的钉子钩了一个小洞。“真糟糕。”就在她准备离去时，忽然想到这个钉子很可能会给“继坐者”带来同样的不快。于是，她用笔在纸上写下“注意钉子”四个字，并将纸贴在了凳子的靠背上。小王的行为恰好被现场的招聘者看到，就是这样一个小小的举动使得小王幸运地成为现场唯一入围的大专生。是什么动力促使小王这么做？是因为她早就想到会有这种结果吗？显然不是，是一种潜意识，是长久以来养成的社会责任感，促使她这样做，她也因此赢得了招聘者的青睐。

## 四、如何提高职业责任感

职业责任感是职业人的第一素质。不管从事什么职业，缺乏职业责任感的后果都是非常严重的。那些责任感不强的建筑者，建造房屋时偷工减料，结果建成的房屋问题频发，甚至出现了事故隐患；那些责任感不强的医科学生，不愿意花更多的时间学好技术，结果做起手术来笨手笨脚，让病人冒着极大的生命危险；那些责任感不强的警察办起案来马马虎虎，不仅给犯罪分子以可乘之机，而且使人民群众的生命财产安全失去保障；那些责任感不强的财务人员，汇款时疏忽大意写错一个数字，给企业带来灾难性的损失……这样的人不仅给企业或客户带来损失和伤害，也使自己失去了工作的资格和机会。所以，如何提高自己的职业责任感就成为摆在我们面前的一大现实问题。我们可以通过以下三种方式提高自己的职业责任感。

### 1. 培养责任意识

培养员工的责任意识，要求每一名员工认真履行职业责任是当今职场的必然要求；职业责任意识引导人们把职业理想同远大理想结合起来，寻求个人需求、个人能力同社会需求的结合点，使每一名社会成员都能忠实地在自己的岗位上履行对社会、对人民的责任。如果一个人有了强烈的责任意识，就会自觉地遵守法纪，遵守各种道德规范，对自己、对他人、对社会负责，妥善处理好不同利益主体的关系，严格自律。相反，缺乏责任意识的人，往往对自己的言行极不负责，有的甚至不顾最基本的道德准则，损害他人和社会的利益。任何高尚的德行，都是以某种责任感为支撑的。无法想象一个连责任意识都没有的人，又怎么会对他人、对社会负责，成为一个道德高尚的人呢?

**2. 提高对工作的主动性**

职业责任感与工作的主动性是相辅相成、辩证统一的关系，责任感是主动性的内在基础，主动性是责任感的外在表现。责任感因为主动性而起作用。我们必须明确自己工作到底是为了什么，是为了维持生活，还是为了实现自己的理想、体现自身的价值。作为一个有高度责任感的职业人，实现自己的理想和自身价值才是最主要的。抱着这种价值观，才会真正激发起我们的职业责任感，在工作中自觉发挥主动性，更好地挖掘自身潜力，以更积极、更强烈的工作热情投入工作。只有这样，才可能在工作中不断取得进步，收获成功。

**3. 提高思想道德品质**

不可否认，由于人与人之间在政治素质、经济状况和文化素养等方面存在差别，每个人的道德觉悟和道德水平肯定会有所不同，但是责任心是国家对每名公民、社会对每位成员、企业对每名员工共同的道德要求。我们评价一个人的道德状况，关键是看他有没有承担起相应的责任和遵守相应的道德规范，如果他承担了相应的责任、遵守了相应的道德规范，那么，他就是一个有道德的人，否则，他的道德觉悟和道德水平就有问题。职业责任感的强弱，往往是衡量一个人思想道德品质的一个重要尺度。有人曾做过一项“谁是办公室劳模”的调查，寻找大家心目中最重要的职业素质，共有 2 618 人参加。在“您认为成为办公室劳模的首要条件是什么”的选项中，有 1 583 人次选择了“责任心”，占比 40.2%；1 078 人次选择“为企业、社会创造价值最多”，占比 27%；

1 062 人次选择“在工作中具有创造性”，占比 27%；而选择“干活最卖力，超额完成工作任务”的却只有 214 人次，占比 5%。如果将责任心算作“德”的范畴，而将“为企业、社会创造价值”划为“才”的范畴，那么，上述调查结果可表明“德”是大家眼中第一位的衡量标准。

综上所述，如果把我们的企业比喻成一座大厦，那么每名员工的职业责任感就是这座大厦的基石。职业责任感，会让我们每个人关注企业这个大家庭；责任感，会让我们在工作中更注意自己的言谈举止、点点滴滴；有了责任感，我们才会时刻准备着伸出双手，为企业贡献力量；有了责任感，我们才会将个人融入企业，充分发挥集体中每一分子的聪明才干，将我们所有人的智慧和才能凝聚在一起，发挥出更大的能量。

## 第二节 职业道德

现代职场中，企业越来越重视员工的职业道德，尤其在招聘新员工时，是否具备良好的职业道德逐渐成为甄选的首要条件。当今社会中不乏具有能力的人，但是企业在发展过程中不能只看员工的能力，而应该更多地重视员工的基本道德素质，否则将会给企业的长远发展带来隐患，这就好比大厦地基质量不过关，建得越高造成的危害就会越大。

### 一、何为职业道德

职业道德是指从业人员在职业活动中所应遵循的具有自身职业特征的行为规范，以及由此体现出来的与之相适应的道德观念和道德品质的总和，是职业品德、职业纪律、专业胜任能力及职业责任等的总称。它通过公约、守则等对职业生活中的某些方面加以规范。职业道德是人类职业活动实践的产物，通过人们的职业活动、职业关系、职业态度、职业作风等表现出来，对职业责任的完成起着保证和引导作用。

职业道德的含义包括以下八个方面：

- 职业道德是一种职业规范，受社会普遍认可。
- 职业道德是长期以来自然形成的。
- 职业道德没有确定形式，通常体现为观念、习惯、态度、作风等。
- 职业道德依靠文化、内心信念和习惯逐渐形成，主要通过员工的自律实现。
- 职业道德大都没有实质性的约束力和强制力。
- 职业道德的主要内容是对员工义务的要求。
- 职业道德标准多元化，代表了不同企业具有的不同价值观。
- 职业道德承载着企业文化和凝聚力，影响深远。

职业道德是从业之本，每位从业人员，不论从事哪种职业，在职业活动中都要遵守职业道德。要理解职业道德需要掌握以下四点。

首先，在内容方面，职业道德总是鲜明地表达职业义务、职业责任以及职业行为上的道德准则。它不是简单地反映社会道德的要求，而是反映职业、行业乃至产业特殊利益的要求，它不是在一般意义上的社会实践基础上形成的，而是在特定的职业实践的基础上形成的，因而它往往表现为某一职业特有的道德传统和道德习惯，表现为从事某一职业的人们所特有的道德心理和道德品质，甚至形成从事不同职业的人们在道德品貌上的差异。例如，人们常说，某人有“军人作风”“工人性格”“农民意识”“干部派头”“学究气”“商人习气”等。

其次，在表现形式方面，职业道德往往比较灵活、多样。它总是从职业活动实际出发，采用制度、守则、公约、承诺、誓言、条例、标语口号等形式。这些灵活的形式既易于为从业人员接受和遵守，而且易于形成一种职业的道德习惯。

再次，从调节的范围来看，职业道德一方面用来调节从业人员内部关系，加强职业、行业内部人员的凝聚力；另一方面，用来调节从业人员与其服务对象之间的关系，用来塑造本职业从业人员的形象。

最后，从产生的效果来看，职业道德既能使一定的社会道德原则和规范“职业化”，又能使个人道德品质“成熟化”。职业道德虽然是在特定的职业活动中形成的，但它绝不是离开社会道德而独立存在的道德类型。职业道德始终是在社会道德的制约和影响下存在和发展的，职业道德和社会道德之间的关系就是一般与特殊、共性与个性之间的关系。任何一种形式的职业道德都在不同程度上体现着社会道德的要求。同样，社会道德在很大范围是通过具体的职业道德形式表现出来的。

## 案例

### 李伟求职记

一家软件公司招聘程序员，待遇非常丰厚，求职者纷至沓来。李伟也在求职者队伍之中，他曾在一家网络公司做程序员。

李伟对自己的技术能力信心满满，他凭借过硬的专业技术轻松通过笔试。当他来到最后的面试环节时，一个貌似技术主管的人突然发问：“听说你原来就职的公司开发出了一种网络维护的软件包，你是否参与了这个项目的研发?”

李伟愣了一下，回答说：“是的。”

主管接着问：“你能把这项技术的核心内容介绍一下吗?”

李伟确实参加了整个研发过程，回答这个问题并不难。但此时，他有点儿犹豫，摸不准主管的意图。他是在考我的技术，还是想打探这项技术的秘密呢?

主管见李伟没有立刻回答，接着问道：“如果你加入我们公司，多长时间可以为我们开发出同样的软件?”

李伟终于明白了，原来他的目的是想掌握这项技术。说，还是不说?此时李伟十分纠结。不说的话，自己肯定会丢掉这次机会；但是，说的话，他觉得心里似乎有个坎儿迈不过去。

李伟做着激烈的思想斗争。虽然原公司效益不好，自己也失去了工作，但是这项软件技术是公司花了整整两年时间研发出来的，是他和原来一起工作的同事们夜以继日、拼搏努力、付出了很多心血才得到的成果。现在它还没有上市，公司还在惨淡经营，指望通过这项技术获得新的发展机会，打个翻身仗。如果自己现在把这项技术透露出去，原公司最后一点儿希望也没有了，那些同事们的努力也将付诸东流！不能这么干！

想到这里，李伟似乎拿定了主意。怎能为了自己的饭碗而砸大家的饭碗呢?他毅然站起来说：“对不起，我不能回答这个问题，如果贵公司为此而让我获得这个工作机会，我宁愿放弃。”说完，他起身离开了考场。

半个月后的某一天，他突然接到该公司人事部门的通知，他被录用了。他被告知：技术主管提出的问题只是一项考试内容，他的行为已经交了一份令面试者很满意的答卷。技术主管对李伟提的问题实际上是在考验他，因为作为程序员，他如果能把原公司的核心技术透露给现有公司，那么，谁又能保证他不会把现在公司的技术机密透露给别人呢?

李伟的这则故事体现出了这样的道理：作为一家企业的员工要遵循起码的职业道德，不能为了自己的前途，毫无顾忌地出卖企业的利益。这种员工即使再有能力，企业也是不敢用的。

## 二、职业道德规范

职业道德规范是在职业道德核心原则指导下形成的，它既是调节职业活动中人们的各种关系和解决各种矛盾的行为准则，也是评价职业活动和职业行为善恶的具体标准。为人民服务是职业道德的核心，集体主义是职业道德的基本原则。《公民道德建设实施纲要》规定，“要大力倡导以爱岗敬业、诚实守信、办事公道、服务群众、奉献社会为主要内容的职业道德，鼓励人们在工作中做一个好建设者”。《公民道德建设实施纲要》对职业道德的这种规定，既体现了时代的鲜明特征，又概括了社会主义市场经济条件下各种职业道德的共同特点，所以，它适用于各行各业，是对各种职业道德的共同要求。那么，在具体工作中，怎样才能体现出一名员工具备了良好的职业道德呢？

第一，早到公司。每天提前到公司可以在上班之前准备好完成工作必需的工作条件，调整好需要的工作状态，保证准时开始一天的工作。

第二，做好清洁卫生。这样可以保证一天的工作环境整洁有序，同时也利于保持良好的工作心情。

第三，做好工作计划。提前做好工作计划有利于有条不紊地开展每天、每周甚至每一个周期的工作，自然也有利于保证工作的质和量。

第四，做好开会记录。及时记录必要的工作信息，有助于准确地记载各种有用的信息，帮助日常工作顺利开展。

第五，遵守工作纪律。工作纪律是为了保证正常工作秩序、维持必需的工作环境而制定的，不仅有利于工作效率的提升，也有利于工作能力的提高。

第六，及时进行工作总结。及时总结每天、每周等阶段性工作中的得与失，及时调整自己的工作习惯，总结工作经验，不断完善工作技能。

第七，及时向上级请示汇报工作。这样不仅有利于工作任务的完成，也可以在上级的指示和指导中学到更多工作经验和技能，让自己的工作能力得到提升。

# 第三节　职 业 精 神

有人认为，职业精神就是对每一份工作契约负责。树立对每一份契约，尤其是小的契约负责的精神是法治的出发点。同样，树立对每一份工作契约，哪怕是不起眼的工作契约负责的观念是职业精神的精髓。其实，职业精神不仅在于对“小”的工作契约一丝不苟的信守，还在于对每一份工作契约始终一贯的尊重。对每一份工作契约负责，对每一位雇主负责，我们相信这样的人才是真正具有职业精神的人，这样的人才会对更大的责任负责，这样的人才会赢得光荣和梦想！

## 一、何为职业精神

职业精神是与人们的职业活动紧密联系、具有自身职业特征的精神。一般来说，职业是人们由于社会分工和生产内部的劳动分工，而长期从事的具有专门业务和特定职责，并以此作为主要生活来源的社会活动。人们在一定的职业生活中能动地表现自己，就形成了一定的职业精神。职业精神由多种要素构成，它们相互配合，形成严谨的职业精神模式。

员工的职业精神会对其职业发展产生重要的影响，良好的职业精神会带来良好的职业形象，也会带来更广阔的职业发展前景。而良好的职业精神需要良好的个人品德作为基础。职业精神的影响体现在工作和生活中的方方面面，当个人的职业精神得到认可时，其社会形象也将得到认可。对于一家企业而言，其内部员工的职业精神不仅代表其自身，而且代表企业的整体形象。

## 二、职业精神的基本要素

职业教育中什么最重要？有些人认为是职业技能，实际上这种看法是片面的。来自企业的报告显示，企业最注重的实际上是员工的职业精神。职业精神主要由八个基本要素构成，即职业理想、职业态度、职业责任、职业技能、职业纪律、职业良心、职业信誉和职业作风，如图3—1所示。这八个要素从八个特定方面反映出职业精神的特定本质，同时又相互配合，形成严谨的职业精神模式。

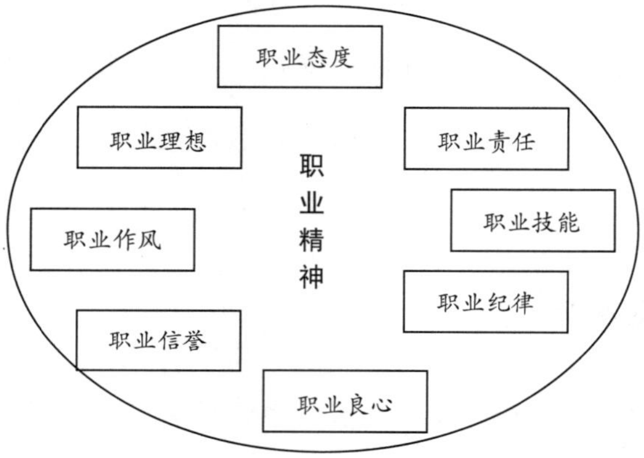


图3—1　职业精神的基本要素

### 1. 职业理想

职业理想是人们在职业活动中依据社会要求和个人条件，借想象而确立的奋斗目标。职业理想是人们对职业活动和职业成就的超前反应，与人的价值观、职业期待、职业目标密切相关。职业理想具有导向作用、调节作用和激励作用。正确的、明确的、切合实际的职业理想可以对职业发展起指导作用，并且激励员工加强学习、克服困难，将自己的职业发展与企业发展、社会需要有机地结合起来。

### 2. 职业态度

职业态度指个人对所从事职业的看法及在行为举止方面的反应倾向。树立正确的职业态度是从业者做好本职工作的前提。职业态度具有经济学和伦理学的意义，它不仅揭示从业者在职业生活中的客观状况、参加社会生产的方式，同时也揭示他们对从事职业的主观态度。其中，与职业有关的价值观念对职业态度有着特殊的影响。企业员工在工作中积极性的高低和完成工作的好坏，在很大程度上取决于他的职业价值观念。职业伦理学的研究证明，先进生产者一般都具有最高水平的职业态度指标。

**3. 职业责任**

企业要促进员工把客观的职业责任变成自觉履行的道德义务，这是职业精神的一项重要内容。

**4. 职业技能**

职业技能指在职业分类基础上，根据职业的活动内容，对从业人员工作能力水平的规范性要求。随着社会主义现代化建设的不断深入，职业对职业技能的要求越来越高，不但需要高级科学技术专家，而且迫切需要千百万受过良好职业技术教育的初级和中级技术人员、管理人员、技工和其他具有一定科学文化知识和技能的熟练从业者。想要从事某种职业活动，只有良好的愿望是不够的，必须掌握相应的职业技能。职业技能是职业精神的重要基础，良好的职业技能具有深厚的职业精神价值。

**5. 职业纪律**

职业纪律是从业者在利益、信念、目标基本一致的基础上所形成的高度自觉的新型纪律。从业者理解了这个道理，就能够把职业纪律由外在的强制力转化为内在的约束力，形成新的精神观念。职业纪律可以保障从业者的自由和人权，保障从业者发挥主动性和创造性。因此，职业纪律虽然有强制性的一面，但更有为从业者的内心信念所支持、自觉遵守的一面，而且是主要的一面，从而具有丰富的精神内涵。自觉的意志表示和服从职业的要求，这两种因素的统一构成了职业纪律的基础。这种职业纪律是法规性和道德性的统一，是更好地实现自身价值的必要保障。

**6. 职业良心**

职业良心是从业者对职业责任的自觉意识。职业良心在人们的职业生活中有着巨大的作用，贯穿于职业行为过程的各个阶段，成为从业者重要的精神支柱。职业良心能使从业者依据履行责任的要求，对行为动机进行自我检查，对行为活动进行自我监督，能够对职业行为的结果和影响做出评价。对于履行了职业责任的良好后果和影响，从业者会得到内心的满足和欣慰；反之，则会表现出内疚和悔恨，促使人自觉、主动地纠正错误。

**7. 职业信誉**

职业信誉是职业责任和职业良心的价值尺度，包括对职业行为的社会价值所做出的客观评价和正确的认识。从主观方面说，职业信誉是职业良心中知耻心、自尊心、自爱心的表现，这些方面能使一个人自觉地按照客观要求的尺度去履行义务，宁愿自我牺牲也不愿违背职业良心，做出可耻、毁誉和损害职业精神的事情。从客观方面说，职业信誉是社会对从业者及其所在企业的肯定性评价，是职业行为的价值体现或价值尺度。它同时决定了企业的价值和个人的身价。

**8. 职业作风**

职业作风是从业者在其职业实践中所表现出的一贯态度。从总体上看，职业作风是职业精神在从业者职业生活中的习惯性表现。职业作风具有潜移默化的教育作用。它好比一个大熔炉，能把新的成员锻炼成坚强的从业者，能使老的成员永远保持优良的职业品质。职业集体有了优良的职业作风，就可以互相教育、互为榜样，形成良好的职业风尚，就可以使好思想、好品质、好行为发扬起来，使坏思想、坏品质、坏行为受到抵制。职业作风具有丰富的职业精神内涵，在某种程度上也可以说，职业作风就是职业精神。

## 案例

### 3平方米的日本小店，靠什么一年赚3亿

日本有一家占地面积只有一坪（约3.3平方米）的点心店，年销售额居然高达3亿日元（约2 387万元人民币）。这家名叫小竹的点心店位于东京吉祥寺商业街，只出售羊羹和最中饼两种点心。

小店出售的羊羹每天限量150个，每人限购5个。许多人为了买到这种“梦幻”羊羹，早上四五点钟就来排队，要是赶上节假日，甚至有人半夜1点就来排队，这种排队的情况居然持续了40多年。

这家店从来没做过广告，也没接受过采访，店面小而朴素，门前也没有停车场，但店门前排了40多年的队，年销售额3亿日元，实在让人惊叹。

为什么会出现这种现象呢？是因为店家把制作羊羹这件事当作毕生的事业，用心去体会，严格要求每一个环节、每一个细节做到极致，几近于道。

日本是一个崇尚“道”的国家，各行各业做到极致都可入道，比如花道、香道、茶道，“道”就是把事情做到极致的精神。

这家点心店的店主稻垣女士有5个兄弟姐妹，只有她跟随父亲学习羊羹制作技术，因为别人都受不了力求完美的父亲对于制作羊羹的苛刻。

学习的过程中，她不知做了多少羊羹，但每次父亲品尝后都说不行，直接丢进垃圾箱。

她经过不断学习和实践，慢慢地了解了为什么每一次制作的羊羹都会有细微的差异，有时是因为火候，有时是因为清洗小豆的方法，就这样，经过不断的学习和尝试，她最终做出完美的羊羹。

稻垣女士教授3个外甥做羊羹时，年轻人经常说，这次和以前的温度不一样了。稻垣女士说，因为四季气候有微妙的变化，煮红小豆的温度就是随当天

气温而变化的，味道会因温度和湿度的微妙不同而有所变化，所以必须用身体感受温度的细微变化。

正因为对各项制作细节的精益求精，才使得这家3平方米的小店年销售额3亿日元，店门口每天4点就有人排队，而且持续了40多年。

可为什么要每天限量150个羊羹呢？这也是有原因的，并不是“饥饿营销”，而是源于对品质的追求。

稻垣女士是这样解释的：一锅3千克的红小豆可以做50个羊羹，红小豆超过3千克，就做不出那么好的味道了，每天做3锅要花十个半小时，已经是极限了，所以一天只能卖150个羊羹。

客人们希望能保证口味，因此能理解他们一天限量150个的原因，出于对小竹点心店的喜爱，许多客人还自发成立了“小竹会”，相约一起排队。

这则故事告诉我们，这家小店成功的秘诀不是铺张的宣传，也不是尖端的技术，而是40年如一日的坚守，是对精益求精的执着，是职业精神的升华。

### 三、如何培养职业精神

职业人之所以称为职业人，主要还是基于其对职业精神的认可。职业精神包括一个人的职业价值观、对职业的态度，以及职业理想、职业责任、职业道德等，是职业素质的重要组成部分。正是这些隐性的、内在的、精神层面的因素决定了员工的职业行为、工作效率和工作品质。王世滨在《世界超强的职业精神》一书中基于对世界知名企业职场文化的大量调查总结出敬业、忠诚、态度、责任、高效、协作、创新、进取、执行和注重细节共十种世界超强的职业精神。

职业精神越来越受到企业的重视。如果把企业所希望得到的工作成果作为一个结果函数的话，那么，职业精神就是影响企业员工能力发挥（变量）的系数。企业员工能力发挥的程度往往取决于他如何去看待问题、思考问题。具备良好的职业精神，能力发挥程度也就高。反之，如果不具备良好的职业精神，那么就算职业能力再强，也无法使企业获得其所希望得到的结果。而如果企业员工有着错误的思想认识，甚至可能为企业带来难以预测的危害。

由此可见，企业需要具备良好职业精神的员工，而员工个人的职业发展也往往受职业精神所左右。作为职业人，如何看待工作，如何面对不公平的现象，如何处理与同事、上司之间的关系与矛盾等，都是受职业精神影响的，因为职业精神就是他面对和处理问题的根本出发点。那么，如何才能培养自己的职业精神呢？本书认为，应做到下面三点，即敬业、乐业和勤业。

第一，敬业。敬业是职业精神的首要实践内涵，是员工对适应社会发展需要的各类职业特别是自己所从事的职业的尊敬和热爱。敬业本质上是一种文化精神，是职业道德的集中体现。从事职业活动，既是对社会承担的职责和义务，又是对自我的肯定和完善。职业精神所要求的敬业，承载着强烈的主观需求和明确的价值取向，这种主观需求和价值取向构成从业者实践活动的内在尺度，规定着职业实践活动的价值目标。

第二，乐业。乐业就是热爱、喜欢自己从事的职业，能够准确认识到它的意义。在工作中勇于创新、善于创新，享受创新、创造带来的快乐。

第三，勤业。古人说“业精于勤”，职业精神必须落实到勤业上。为了做到勤业，员工不仅要强化职业责任、端正职业态度，还需要努力提高职业能力，践行企业文化，不但要勤勤恳恳，更要竭尽全力！

## 第四节　如何成为一个值得信赖的职业人

在竞争激烈的职场中，要想成为一个值得信赖的职业人，具体应做到以下几点。

## 一、正直

正直就是要不畏强势、敢作敢为，要能够坚持正义，勇于承认错误。正直意味着有勇气坚持自己的信念。这一点包括有能力去坚持自己认为正确的东西，在需要的时候义无反顾，并能公开反对自己坚信错误的东西。一名正直的员工会赢得他人的信任，能够坚决地抵制诱惑，令自己、令他人、令企业受益。

## 二、诚信

诚信是指一个人的诚实性和信用程度，它既体现在一个人的个性和价值取向之中，又与企业的信誉紧密相关。从传统意义上讲，诚信就是一个人的可靠程度和可信任程度，它是个人品德的核心部分。人们对诚信的理解，过去主要局限于一个人的诚实程度，后来则扩展到可靠性、责任感和社会依从性等方面。诚信的员工会随时随地以诚信开展业务，遵守企业制度规定和社会道德规范，对工作具有较强的责任心。

## 三、忠诚

忠诚就是尽心竭力、忠诚无私。拿破仑曾经说过，“不想当元帅的士兵不是好士兵”“不忠诚于统帅的士兵就没有资格当士兵”。对于一家企业而言，员工应该忠诚于企业。这也是确保整个企业能够正常运行、健康发展的重要因素。对企业的忠诚度能够激发员工的主动性和创造力，使员工的潜在能力得到充分发挥。较高的企业忠诚度也可以维系企业与员工之间关系的和谐稳定，减少企业潜在的人员流失风险和人员置换成本。对于同事而言，忠诚的员工也会让人觉得安心、可靠。

## 四、公正

公正即公平、正直，没有偏私。它是一种含有某种价值标准的价值判断。作为企业管理者，固然要做到公正处事；而作为员工，同样要考虑公正工作。公正原则是对职业人的基本要求，是贯彻于工作始终的。做到公平、公正，就是要求员工遵循原则，不根据个人偏见、好恶办事，公正处理部门之间、部门内部各种关系，处理问题合情合理、不徇私情。只有遵循公正原则，员工才可以真正地协调好与同事、与上下级之间的关系，赢得信服与信赖，才可能在工作中做到尽职尽责而不逾矩，获得客户的信任，为企业及自身赢得口碑。

## 五、自律

自律是指在没有外部监督的情况下通过自我约束，管理自己的言行。对许多人来说，自律是一个讨厌的词，因为它意味着限制自己的自由。实际上，反过来才是正确的。如同《高效能人士的七个习惯》一书作者史蒂芬·柯维所写的那样："不自律的人就是情绪、欲望和感情的奴隶。"从长远来讲，不自律的人是缺乏自由的，屈服于眼前的欲望，却牺牲了自己未来的发展空间。只有坚持自律，员工才可能时刻拥有良好的时间观念、端正的工作态度和对工作质量精益求精的追求。恪守自律是每名员工走向成功的必要条件。

### 案例

#### 学习赵云的职业素养

职场上最需要什么样的员工？如果在《三国演义》中找一个，那么，赵云可谓最具代表性。在很多人看来，赵云算得上是一个完美人物。下至五岁孩童、上至八十岁老人，几乎人人都知道常山赵子龙的名号。那么，当下的职业人能从赵云身上学到什么呢？

**1. 学他稳定持恒**

职场上，任你再聪明，"朝三暮四"也不受欢迎。公元191年，赵云率领本郡义兵投奔白马将军公孙瓒，之后跟随公孙瓒四处征讨。刘备依附公孙瓒后，赵云被派为刘备的随从，刘备对赵云十分赏识。对此，赵云铭刻在心。后来，赵云因为兄长去世，向公孙瓒请辞归乡，刘备担心赵云此去便不会再回来，于是握着赵云的手难舍难分。赵云感动之余，对刘备说："我永远不会背叛您的恩德。"公元200年，刘备被曹操打败后前去依附袁绍。赵云专门赶到邺城投奔刘备，刘备非常兴奋，二人曾同床眠卧。赵云自此便追随刘备直至公元223年刘备去世，共计23年。

赵云虽然没有像关羽、张飞那样与刘备义结金兰，但其对刘备的忠心绝不亚于关、张二人。赵云在追随刘备的23年时光中，都在兑现对刘备"永远不背叛"的承诺。比如，公元208年，刘备被曹操追击，仓皇南逃至当阳。刘备弃妻先逃，赵云却拨马向北，突入曹军势力之中。当时，有人看到赵云向北而去，便对刘备说："赵云必定是向北投曹操去了。"刘备听后，说："子龙是不会弃我而去的。"《三国演义》中提及，赵云拼死冲杀，于曹军重围中七进七出，不久之后，他怀抱刘备的幼子阿斗，保护着刘备的妻子甘夫人，平安地回到刘备身边。刘备感动万分，当场将阿斗掷之于地，说："为你这毛孩子，差点儿损失我一员大将！"赵云抱起阿斗，哭着说："赵云即便是肝脑涂地，也无法回报。"这些行为表面上看是对领袖的追随忠诚，本质上是对事业的持之以恒。这也正是赵云职业素养的体现。

**2. 学习他持身严正**

公元208年赤壁之战后，赵云跟随刘备平定荆州江南之地，被任命为偏将军，取代降将赵范，兼任桂阳太守。赵范的寡嫂樊氏有着倾国倾城之貌，赵范为了讨好赵云，想把他的寡嫂嫁给赵云。众人极力劝说赵云答应这件婚事，但是赵云坚决不同意。事后，诸葛亮问起赵云拒婚的原因，赵云说出了三个理由：其一，赵范既与我结为兄弟，今若娶其嫂，惹人唾骂；其二，寡嫂正在为父亲守丧，再嫁，将使她失大节；其三，赵范被迫投降，心不可测。刘备在一边频频点头，插话道："今日大事已定，再娶怎么样？"赵云当即斩钉截铁表示："天下女子不少，大丈夫但恐名誉不立，何患无妻。"自古道，英雄难过美人关，但是赵云这位大英雄却不一般，面对美色不为所动，保持清醒的头脑，以大局为重。

除此之外，赵云还任劳任怨，不贪图名利。比如，公元 211 年刘备在镇守荆州时，魏延投靠刘备便深得重用，先是被提拔为镇远将军、领汉中太守，后又升任镇北将军，成为当时蜀国与关羽、张飞、马超、黄忠并列的将领。早在公元 200 年就投靠了刘备的赵云，曾在多次战役中有突出表现，爵位却一直在魏延之下，长期担任翊军将军主管军中杂务，但赵云并没有因为自己曾救驾就要与魏延争个高低。不光如此，公元 227 年北伐失败后，赵云被贬为镇军将军也毫无怨言，直到死后他才被追封为大将军。

赵云对自己言行有要求，对士兵们也是如此。他领军打仗时，强调令行禁止，赏罚分明，因此深得军心。公元 228 年，北伐退兵后，诸葛亮曾问："街亭退兵时，我军编制皆混乱成一团，箕谷退兵，编制整齐一如出军之时，这是何故？"邓芝回答说："赵将军亲自断后，因此军资没有遗失，人员编制整齐。"当时赵云军中尚有多余的绢布，诸葛亮下令分给赵云部队。赵云说："我军失利，怎么还能要赏赐呢？请将这些物资全部纳入赤岸府库，在十月寒冬的时候再赏赐给将士们使用。"诸葛亮不禁对赵云大为称赞。

赵云不为美色所惑，对名利也没有过度在意，始终在其位谋其职，注重培养团队的职业能力，是一位具备良好职业行为习惯的人才。

**3. 学习他正直清醒**

赵云虽然忠诚，但绝对不是愚忠。公元 209 年，刘备在平定益州后，有人主张将成都城中房舍及城外园地桑田分赐给诸将。赵云反驳说，霍去病曾说过匈奴未灭何以家为，现在还不到可以安定下来的时候，须等到天下平定之后，再使众人返回家乡去耕耘田地，这才是最好的决定。益州的百姓刚刚遭遇战祸，现在应该将田宅房产归还给百姓，先让他们安居乐业，然后可以使他们服兵役、纳户税，这样也能得到益州的民心。赵云的话既凸显了他"以民为本"的理念，也成全了刘备的仁德之心，刘备当即采纳了他的建议。

早在著名的《隆中对》中，诸葛亮便提出兴复汉室的战略之一：北拒曹操，东和东吴。在任何时候，赵云都没有忘记这个战略。公元 221 年刘备称帝后，欲进攻东吴，以报孙权伐取荆州、杀害关羽之仇。赵云谏言："国贼是曹操，并不是孙权，而且灭了魏国之后，吴国自然会臣服。先攻占关中，占据黄河、渭水上游以讨伐逆贼，那么关东义士必裹粮策马以迎王师。不该放置魏国，反而先打吴国。而且与吴国的战争一旦开始，就不易停止了，伐吴并非上策。"但愤怒中的刘备感性战胜了理性，不听谏言，执意东征，并留赵云都督江州。最后刘备果然大败而归，落得个白帝托孤的惨局。

作为下属，不忘团队的目标，并且能够在领导出现战略战术错误的时候大胆进言，不仅是他军事智谋的体现，也是他刚正不阿、将团队利益置于首位的体现。

## 职业活动训练

1. 试想一下，如果有人让你对客户撒谎，明明订单还在办公桌上，可是他却让你告诉客户已经发货了，这时候你会怎么办？

2. 假如你的一名下属违反了公司的相关规定，而且还涉及一些财务问题，但是这个人和你关系不错，并且平时的工作表现也不错，是你一直都非常信任的员工，你将怎么处理？

## 思考题

1. 如果你在工作中发现你的直接上司有违反公司规章制度的行为，你会怎么做?

2. 如果短时间内你在现在的岗位上并不能达到职业期望，你会不会很快跳槽？为什么?

# 第四章
# 沟通能力

企业管理过去是沟通，现在是沟通，未来还是沟通。

——松下幸之助

## 学习要点

☆ 如何进行有效沟通

☆ 如何提升职场情商管理

☆ 如何提高职场沟通能力

## 案例

### 为什么中国员工的沟通能力不如印度员工

中兴通讯印度分公司前总裁汪涛的一篇“为什么美国大企业中的印裔国际CEO的数量那么多”的文章中有一段内容比较了中印两国员工的“专业沟通能力”。他认为，印度人在管理上强于他人的肯定不只是英语表达能力，更是强大的沟通能力。

**一、中国员工与印度员工在沟通上的差别**

如果有客户找中国工程师做东西，对话通常是这样的。

客户：“我们这次大概想要一个这样的东西……，目前想法还不成熟，你们还有什么问题吗?”

中国员工：“OK，没问题。”虽然嘴上这么说，但内心独白却是这样的：“你啥都不知道，让我问什么啊。我想就这么做，做出来再跟你们谈吧。”

于是，这群优秀的中国员工开始用自己天才的大脑，想象客户可能遇到的问题，他们力图让自己的方案变得非常华丽、非常前沿、非常出色，等着客户说“哇，太棒了，就这么搞”。

结果可想而知，客户看傻了眼：“这不是我想要的！全部重来!”

工作清零。好在此时中国员工有点明白客户需求了。可他们真的都明白了吗?

那么，印度员工是怎么做的呢?

客户：“我们这次大概想要一个这样的东西……，目前想法还不成熟，你们还有什么问题吗?”

印度员工：“好的，我们回头列一些问题，再与你们进行第二轮沟通。”

回到公司，他们不慌不忙地开始讨论，既不加班，也不占用午餐时间，过了两天，列出了24个问题。

与客户的第二轮沟通，他们会用一天的时间把这24个问题一个一个地讨论完。如果冒出了一批新问题，就再进行新一轮会面，直到把所有问题全部沟通得一清二楚，他们才开始干活。

他们还要把所有沟通结果整理成一个文档，跟客户再开一次会，把自己的理解跟客户再确认一遍，以纠正双方在理解上的分歧。

最后，他们还会把这些沟通结果整理成详细的文档，发给客户，再抄送所有项目组的成员，确保大家的理解都是一致的，之后才开始正式干活。

这两种工作方式的结果就是：中国员工做出来的东西有想法、有新意，但不到最后关头客户根本不知道自己会得到什么；印度员工工作平庸，但刚刚好用，他们一点儿也不肯浪费自己的工作，也刚好是客户想要的。

如果你是老板，喜欢用哪一种员工？

**二、中印“沟通文化”的差异**

很多管理学家认为，印度人的成功在很大程度上来自他们严谨的沟通能力。但在有海外工作经验的中国员工印象中，印度裔CEO普遍能说会道，“拍马屁”，不干实事。一个事实，两种观点，这其实是“沟通文化”的差异。

中国人去了印度，总觉得印度人都是奇葩，毫无时间效率的概念；而印度人在接触了中国人后都认为，中国人太过变态，做什么事情都是匆匆地先干起来再说。

中国人的时间观念强，所以觉得沟通太浪费时间；印度人自我感觉太好，不愿意白费工夫，宁可把话先说清楚。

事实上，在中国的文化传统中，我们不喜欢那些能说会道的人，更崇尚实干精神，所谓“满瓶不动半瓶摇”。

不习惯沟通，容易产生两种问题：一部分人“表达能力弱”，无法把对客户的理解表达成准确的语言，只能先“做出来”再说；而另一部分“沟通达人”

则走向另一个极端，他们平常说的“沟通一下”，更多的是强调诱导、说服，甚至是诡辩，而不是理解对方的想法。

人们在工作中总不免要与他人沟通，但是，沟通本身也不是件容易的事。缺乏沟通能力的人要向他人表达一个意思，可能会始终说不清楚；想为他人办一件好事，但有可能弄巧成拙；本来想与他人清除原有的隔阂，但可能弄得更僵。所以说，对于职业人而言，具有较强的沟通能力至关重要。

## 第一节　认识沟通能力

沟通能力表面上看是一种能说会道的能力，但实际上包罗了从穿衣打扮到言谈举止等一切与社交相关的行为能力。一个具有良好沟通能力的人可以将自己所拥有的专业知识及专业能力进行充分的发挥，并在社交中给对方留下良好而深刻的印象。人际沟通能力已成为现代职业人成功的必要条件之一。

### 一、何为沟通能力

沟通能力是指个体在事实、情感、价值取向和意见观点等方面采用有效且适当的方法与对方进行沟通和交流的能力。人际沟通能力指一个人与他人有效地进行信息沟通的能力，包括外在技巧和内在动因。恰如其分和沟通效益是人们判断沟通能力的基本尺度。恰如其分，指沟通行为符合沟通情境和彼此相互关系的标准或期望；沟通效益，则指沟通活动在功能上达到了预期的目标，或者满足了沟通者的需要。

一般来说，沟通能力强的人通常事业会进步很快，也能够比别人获得更多的工作机会；沟通能力差的人，工作效率会比较差，还会经常处于被动的地位，不受领导和同事们的欢迎。有人曾把职场沟通能力分为 4 个级别，如图 4—1 所示。

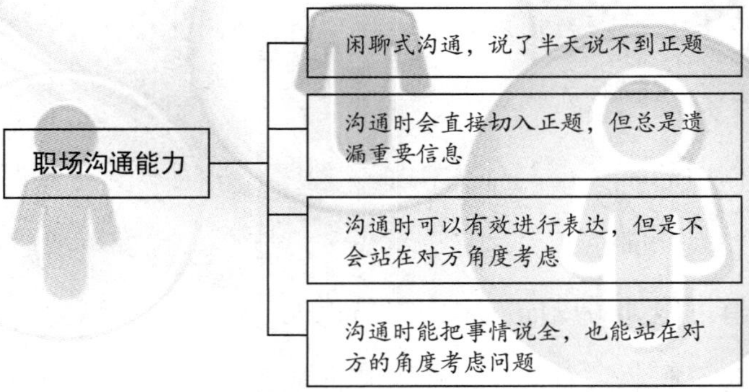


图 4—1　职场沟通能力

第一级是闲聊式沟通。沟通比较随心，喜欢东拉西扯，说了半天说不到正题，本来 30 秒可以表达完的事情却用了一小时，且最终也没有达成自己的目的。这种沟通是浪费时间的“重灾区”，会被很多人划入不受欢迎的合作伙伴范围。

第二级沟通会直接切入正题，但总是遗漏重要信息，必须反复多次沟通或者等事情推进到一半时才临时补充。一些领导布置任务时就是这种风格，说“你去做个方案吧”，而对于方案做给谁看、什么时候要、有哪些要求，一概不说。这种沟通需要被沟通者耗费许多额外的精力，“追着”对方把重要信息补全。

第三级沟通可以有效地进行表达，但是不会站在对方角度考虑。比如，某些甲方企业很喜欢在下班前提需求，第二天早上就要求乙方企业交稿，完全不考虑乙方企业的时间。

第四级是最高级别。沟通时能把事情说清，而且要点齐全，也能站在对方角度考虑。这就是沟通能力强的体现，既能表达清楚，又能照顾对方情况。

## 案例

### 企业让员工推销避孕套为哪般

今年24岁的黄小姐是湖南人，大学毕业后随父母来到贵阳发展。今年春节后，她应聘进入一家酒业贸易公司工作。最初黄小姐在公司做行政，但后来公司领导要求全员营销，她也必须完成一定的销售任务，否则试用期过后就不能继续在公司工作。

黄小姐在大学学的是英语专业，和销售关系不大，并且自己平时也不喝酒，所以一个月下来她只卖出10瓶酒，与公司规定的任务相差甚远。公司领导认为黄小姐与人沟通能力较差，缺乏锻炼，于是要求她自行到超市购买10个避孕套，并将避孕套成功地推销给公司的男同事，只要她完成这个任务，就认定她试用期考核合格。

无奈之下，黄小姐只能答应。可是虽然她尽力推销，但也只卖出去4个。端午节前，公司领导认为她试用期不合格，将她辞退。

对于领导让黄小姐卖避孕套一事，该公司多数员工认为并没有什么不当，因为公司的主要业务是销售，与人沟通能力不佳，业绩不能提高，个人收入就会受到严重影响。

和黄小姐同时进入该公司的江先生说，员工主要收入是靠销售提成，如果完不成销售任务，基本工资只有千元左右。而黄小姐和陌生人说话都会脸红，她卖出去的4个避孕套，也是他们新进的4位同事为了能让黄小姐留在公司才购买的。

在该公司做了14年销售工作的罗先生表示，一名销售人员不能正常与人沟通，那绝对不适合做销售。“虽然她是个女孩，但公司领导这么做，也是希望她能提高与陌生人交流的能力。”

一位姓黄的部门经理表示，公司完全是为黄小姐考虑，希望她能适应销售工作的基本要求。

黄经理介绍说，黄小姐的试用期结束时，她的销售业绩远远达不到公司的要求，领导觉得她不适合做销售工作，准备将她辞退。可黄小姐希望能再给她一次机会，领导才想出让她卖避孕套给同事的方法，提高她的沟通能力。

黄经理说："10天时间，她只卖出去4个，看来她真的不适合干销售，让她离开也是为她好。"

黄小姐说："领导让我卖避孕套给同事，确实是一种锻炼。"当时她到这家公司应聘就是想找个工作，有份收入，现在发现不适合被辞退，自己并没有什么怨言。

## 二、沟通能力的五个层次

沟通能力是评判和考核一个人职场能力的重要因素之一，有效的沟通可以减少工作中由于沟通障碍和沟通不畅引发的工作停滞，避免团队不和等多种问题的产生，大大提升工作效率。从沟通目的和沟通效果来看，沟通能力可分为以下五个层次，如图4—2所示。

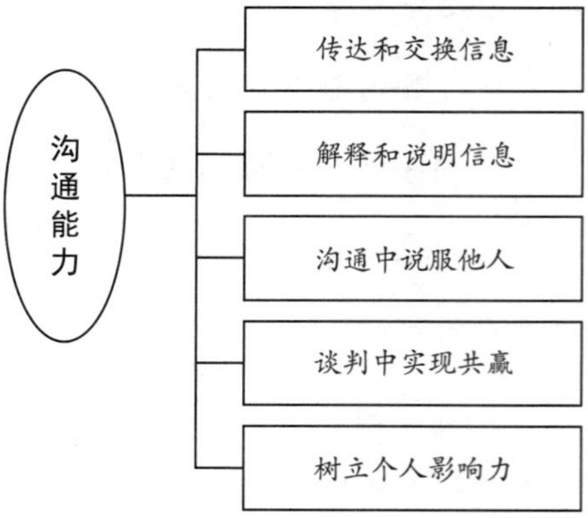

图4—2　沟通能力的五个层次

### 1. 传达和交换信息

沟通最基本的是把某个信息、某件事告诉对方，比如通知其他同事某某时间在某个会议室开会等。我们日常生活聊天就是一种信息传达和交换。

以传达和交换信息为基础的沟通，并不是一场辩论赛，不需要争论谁对谁错，或极力说服对方同意自己的观点，最重要的还是信息的相互交换和分享，大家能从中获得有用的信息，沟通的目的就达到了。

**2. 解释和说明信息**

解释和说明信息指的是对信息进行总结和整理，把个人对信息的整合和深层次理解清楚明了地传达给对方，比如向上级汇报工作等。

有时候简单的沟通可能会因为言语组织不到位、用错词汇、语言逻辑混乱或者没抓住重点而造成误解。所以，在我们日常写作或者做工作总结时，往往需要列一个清晰的目录，有一个总的框架思路，逻辑清晰、语言简练、重点突出地把我们想阐释的信息准确地表达出来。

**3. 沟通中说服他人**

如果不仅能够把信息完整地传递给对方，而且能让对方理解自己的需求、接受自己的想法，认同自己的看法，那么，我们的沟通能力将会更上一层楼。我们在日常工作中，有些任务经常会与同事配合一起完成，这时我们便需要向同事准确传达自己的需求，说明自己的想法，让对方认同自己，并且按照我们的想法协助我们执行下去。

如果沟通不到位，则很可能会出现“我觉得你说得不对，我不想按照你说的做”的情况。所以，一般情况下，我们要先表明自己的需求可行，需要对方协助，并且给予对方鼓励，肯定对方的能力，让对方看到一个好的结果并有所期待，这样才可能将我们的想法顺畅地执行下去。

**4. 谈判中实现共赢**

职场中可能会遇到客户砍价、签约商定条件、跳槽谈薪资等问题，这些都属于谈判的范畴。而谈判所要具备的沟通能力不仅仅是说服对方，还需要在反复的协商中达到目的一致、利益互惠。

就像“两个人怎么分橙子才公平”的故事中，最初用“一个人切橙子、另一个人选橙子，两人分别拿到一半”的方法解决了公平问题，但分完后才发现两个人中一个人只要果皮（用于做糕点）、另一个人只要果肉（用于榨果汁），结果两个人都丢掉自己不要的部分，造成浪费。因为事先并没有清晰表达彼此的真正需求而一味求公平才造成一系列矛盾和浪费。所以，我们在谈判中要尽量了解对方需求，提前沟通清楚，找到双方利益的契合点，只有这样才可能实现最终的共赢。

**5. 树立个人影响力**

从传递信息到解释信息，再到说服他人，实现谈判中互惠共赢，我们的沟通能力已经站到了一个很高的台阶上，而我们的终极目标是树立个人影响力，让自己的言行可以在无形中左右他人的思想和决定。

比如，阿里巴巴马云、腾讯马化腾是很多人言行的参照标准，作为行业中的领袖人物，他们的看法和意见无形中影响着我们，这可以称之为领导力。对普通人而言，我们可以从细节处培养我们的做事习惯、说话方式、言行举止等，一点点提升我们在工作团队中的影响力、领导力，树立威信。

## 测试 6

### 测测你的职场沟通能力

请根据你的第一感觉作答。

1. 如果你的好友与你在对某个问题的看法上存在分歧，发生争吵，你将怎么办？（　　）

A. 不理他，中断朋友关系

B. 暂时不谈这个问题，求同存异，以后再说

C. 请两个人共同的好朋友劝和，打破僵局

2. 你听说有同事向领导打你的小报告，你会怎么办？（　　）

A. 直接冲到那个同事面前，与他大吵一通

B. 向领导说明情况，请领导调查真相

C. 清者自清，不去理睬，像以前一样干好工作

3. 如果父母性格不合，经常吵架，你会怎么办？（　　）

A. 大声威胁他们：再吵我就搬出去住

B. 少回家，乐得清静

C. 在父亲面前夸母亲，在母亲面前夸父亲，设法增进他们的感情

4. 同事向你夸耀她买了一条新裙子，但你觉得很一般，看着她兴高采烈的样子，你会怎样？（　　）

A. 直接告诉她裙子不怎么样

B. 微笑着倾听，不说话

C. 告诉她这条裙子比她之前买的那条要好看

5. 同事一起在某饭店聚餐，你到达摆好的餐桌前会做什么？（　　）

A. 赞美饭店的豪华或者菜肴的精美

B. 看看椅子、餐具是否足够

C. 看看人是否到齐，招呼后来的人

6. 坐公交车的时候，你一般习惯于（　　）。

A. 坐着睡觉或发呆

B. 看看站在旁边的人

C. 看窗外的景色，看看能否发现一些新开的店

7. 上了公交车后你发现自己没带零钱，你会怎么办？（　　）

A. 偷偷地躲在人堆里

B. 急着下车

C. 跟司机说明情况，希望能免掉车费

8. 同事带来家乡特产与你分享，你会怎么做？（　　）

A. 客气地拒绝，说自己不习惯吃这些

B. 表示感谢并且接受

C. 接受并且之后也带零食与同事分享

9. 领导交给你一项本来不归你管的任务，你会怎么办？（　　）

A. 很迟疑，流露出想拒绝的意思

B. 毫不犹豫地答应下来，能不能办好就不管了

C. 从领导那里尽量获得有关信息，私下请教同事，力求做好

10. 同事讲了一则你以前就听过的笑话，你怎么反应？（　　）

A. 立刻说：“哈，这个我早就听过了，你 OUT 了”

B. 微笑不语

C. 哈哈大笑

注：扫描封底二维码，查看测试结果分析。

## 第二节　有效沟通

正因为沟通能力在职场中的重要性，常见主流商业管理课程，如 EMBA、MBA 及其他各类企业培训等均将“有效沟通”作为管理者必备的一项素质要求包含在内。有效沟通是通过听、说、读、写等方式，通过演讲、会见、对话、讨论、信件等将思维准确、恰当地表达出来，以促使对方更好地接受。

### 一、沟通的三要素

要做到有效沟通，首先必须理解沟通的三要素，如图 4—3 所示。

沟通的第一个要素就是文字，即沟通的内容，我想表达什么意思、传递什么信息。沟通的第二个要素就是语气、语调，即情绪。同样的一段话，不同的人讲出来以后，对最终结果产生的影响是不一样的。有人喜欢平铺直叙，有人喜欢激情四射，有人喜欢分析道理，在整个表达过程中所使用到的语气、语调会产生变化，这会直接影响沟通结果。沟通的第三个要素就是肢体动作，即动

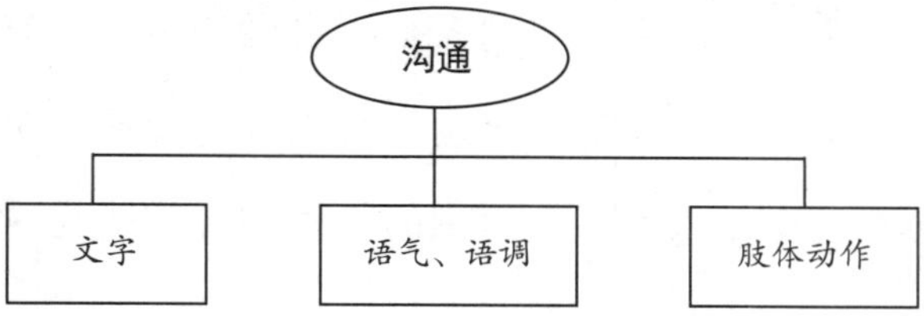


图 4—3　沟通的三要素

作、表情、形象。在沟通的时候，我们的眼睛应该怎么去看，我们的面部表情应该做出什么样的调整，我们的整个身体状态应该怎么随被沟通者的状态产生变化。这三个要素都会影响沟通的结果，要做到有效沟通，就要注意三者之间的协调统一。

沟通领域的先驱阿尔伯特·麦拉宾的研究表明，一个人在沟通过程中，肢体表情所起的作用大概为 55%，语调所起的作用为 38%，而大多数人认为很重要的文字所起的作用只有 7%。例如，在微信流行之前，远程沟通几乎都是通过打电话实现的，语调的作用在于能够清晰表达意思，不会像文字那样容易引起歧义；后来有了微信，一些复杂的问题用语音交流比文字交流效率更高也更易理解。如果说这些证明了语调比文字更有影响力，那么，视频学习、线上直播等新形式与线下面授一样受欢迎，则证明了肢体胜过单纯语调、文字的作用。这样一来，也就不难理解为什么公司要进行当面会议或视频会议而不是音频会议，销售人员为什么要面对面销售而不仅仅只进行电话销售了。

## 二、有效沟通的原则

任何一次沟通都需要四个基本过程：第一，沟通方组织内容；第二，沟通方传达内容；第三，接收方集中注意力接收（过滤）内容；第四，接收方理解内容。在这个过程中，接收方需要集中自己的注意力去接收和理解信息，如果信息易于理解，接收方消耗的时间和注意力资源就少；如果不易于理解，接收方就需要消耗更多的时间和注意力资源。

所有发起沟通的人，目的都是让别人了解自己的想法，或者按照自己的意思做出反应或行动。如果不能让对方迅速了解重点，会耗费对方大量时间和精力去解读。在实际沟通中，只有当你所用的语言和方式能为对方理解时，沟通才有效。

有效沟通有3条基本原则，即准确、逐级、及时，如图4—4所示。

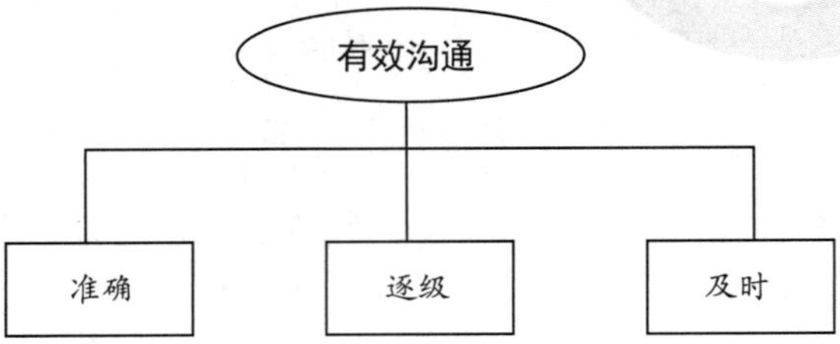

图4—4 有效沟通的三原则

**1. 准确原则**

准确是沟通的基本原则和要求。这一点看起来简单，做起来却未必容易。

在实际工作中，由于接收方对沟通方的信息未必能完全理解，所以沟通方应将信息加以综合并力求用容易理解的方式来表述，这就要求沟通方具有较高的语言表达能力并熟悉下级、同级和上级所用的语言，如此才能克服沟通过程中的各种障碍。

**2. 逐级原则**

在开展纵向沟通（包括向下沟通和向上沟通）时，应尽量遵循“逐级”原则。例如，一家企业在向下沟通时，由于销售经理下面还有主管（如负责一方市场的区域主管），主管下面还有普通职员（如业务代表），所以，销售经理应设法使主管位于信息交流的中心，尽量鼓励他们发挥核心作用。但在实际工作中，销售经理很可能会忽视这一点，他会越过下级主管而直接向一线人员发号施令，这可能会引起许多不良后果。如果确实要这样做，销售经理应事先与下级主管进行沟通，只有在万不得已的情况下（如紧急动员完成某项工作）才可以越级沟通。

在向上沟通时，原则上也应该遵循“逐级”原则（销售经理一般直接向营销总监或销售总监报告工作），特殊情况下（如提建议或出现紧急情况等）才可以越级报告。

**3. 及时原则**

信息只有得到及时反馈才有价值。沟通时，不论是向下传达信息，还是向上提供信息，或者与横向部门沟通信息，都应遵循及时原则。遵循这一原则便于得到各方的理解和支持，同时可以迅速了解员工的思想和态度。

在实际工作中，沟通常因信息传递不及时或接收者重视不够等原因而使效果大打折扣。

## 案例

### 三个失败的沟通案例

**1. 别人听不懂的“语言”**

ERA是一家日资企业中的日籍雇员，在制造部门担任经理。ERA来到中国刚刚上任，就对制造部门进行了改造。他发现生产现场的数据很难及时汇报上来，于是决定从生产报表上开始改造。他借鉴日本母公司的生产报表，设计了一份非常完美的生产报表，从报表中可以看出生产中的任何一个细节。每天早上，所有的生产数据都会及时地放在他的桌子上。ERA很高兴，认为自己拿到了生产的第一手数据。然而过了几天，企业发生了一次大的品质事故，但报表上根本就没有反映出来，ERA这才知道，报表上的数据都是工人随意填写上去的。为了这件事情，ERA多次找工人开会强调认真填写报表的重要性，但每次开完会，开始几天还能看到一定的效果，过不了几天又返回原来的状态了。对此，ERA怎么也想不通。

ERA的苦恼是很多企业经理人普遍存在的烦恼。现场的操作工人很难理解ERA的目的，因为数据分析距离他们太遥远了。大多数工人只知道好好干活，拿工资养家糊口。不同的人立场不同，看问题的角度也不一样，单纯地开会强调，效果是不明显的。

站在工人的角度去理解，虽然ERA不断强调认真填写生产报表可以有利于改善生产流程和生产质量，但许多工人认为这和他们并没有直接的利益相关。后来，ERA将生产报表与业绩奖金挂钩，并要求干部经常检查，工人们才知道认真填写报表与切身利益有关系，才重视起来。在沟通中，不要简单地认为所有人的认识、看法、角度都和自己是一致的，对待不同的人，要采取不同的模式，要用听得懂的“语言”与别人沟通！

**2. 使用对方无法接受的语言和方式**

林小姐是一家广告公司的总经理。年初，公司与电视台签订了合同，承办了电视台半个小时的汽车栏目。为了更好地办好这个栏目，公司引进了一个新的合伙人，新的合伙人非常有能力，但林小姐与新合伙人在工作中产生了一些摩擦。一天，因为林小姐修改了合伙人的方案，两个人发生了争执。林小姐随口说道：“不行就散伙吧。”合伙人听后没有再说什么，但是，从那天起，两个人的矛盾逐渐加深。

后来，合伙人对林小姐讲述了自己的看法，觉得对于林小姐说出的“散伙”二字他听起来特别刺耳。林小姐这才知道，这个合伙人几年前离了婚，所以对“散伙”二字特别敏感。

其实林小姐也不是真的想“散伙”，只是随口说出，她也没有想到对合伙人会有这样大的伤害。人在沟通前应该认真思考对方能够接受什么样的语言、什么样的方式，要选择对方能够接受的方式、方法进行沟通，这是沟通获得成功的第一个步骤。许多职业人在沟通时往往会忽视这一点。

### 3. 不同的听众，不同的理解

王女士客户的公司门口有一家宠物店。一天，王女士看到宠物店中有一只小狗，经过一番讨价还价，她把小狗买了下来带回了家。她晚上给她的二姐打电话，告诉对方自己买了一只白色的博美，对方非常高兴，马上询问狗是什么颜色、多大了。后来，王女士的大姐打电话来询问她的近况，小狗在她接电话的时候叫了起来，王女士的大姐在电话里一听到有狗在叫就问狗是否很脏、是否咬人、有没有打预防针……

同样是对于一只狗的理解，不同人的反应却差别很大。王女士的二姐从小就喜欢狗，所以一听说有狗，她的脑海中就会浮现出一幅一只可爱小狗的影像。而大姐的反应却是关心狗是否会给人带来什么麻烦，在脑海中也会浮现出一幅“肮脏凶恶的狗”的影像。

由此可见，同样的一件事物，不同的人对它的概念与理解的区别是非常大的，在我们日常的谈话与沟通当中也是一样。当你说出一句话，你自己认为可能已经表达清楚了你的意思，但是不同的听众会有不同的反应，对其理解也可能是千差万别的，甚至可能理解为相反的意思。这将大大影响我们沟通的效率与效果。因此，我们进行沟通时，需要体会对方的感受，做到用“心”去沟通。

## 三、有效沟通的方法

有效沟通有四种方法，如图 4—5 所示。

### 1. 言语的肯定

在与别人交往时，我们要尽量去赞美别人，因为人都是喜欢听到表扬的。赞美的威力是很大的，我们赞美敌人，敌人就可能变成朋友；我们赞美朋友，朋友就可能成为手足。我们应该经常想理由去赞美别人，并且要高声向对方表达出来。

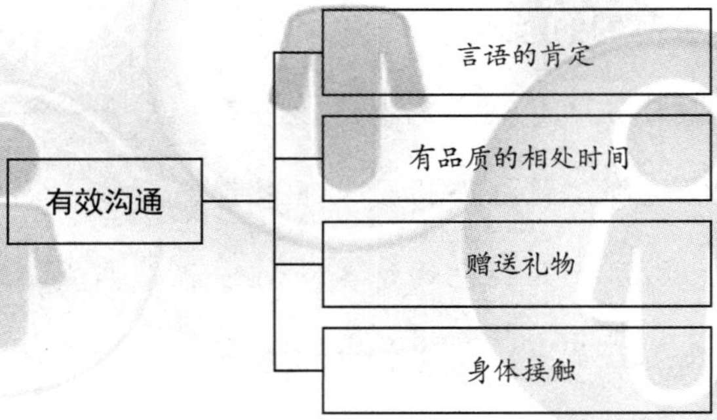


图 4—5　有效沟通的 4 种方法

**2. 有品质的相处时间**

这里所说的有品质的相处时间指的是和对方能进行深入交流的时间。在这段深入交流的时间里，我们能够明白对方需要什么、他有什么难处、他家庭的相关信息，比如客户家庭财政由谁支配、有几个孩子……这些都是重要的信息。只要我们能知道这些信息，我们的沟通就成功了一半。

**3. 赠送礼物**

我们去拜访客户时，可以带一些小礼物，比如客户家有小孩子或者老人的话，我们就可以有针对性地买些礼物送给他，相信他一定会喜欢的，因为这代表你重视他和他的家人。

**4. 身体接触**

日常交往时，我们与人最多的身体接触的方式就是握手了。握手要注重礼仪。应用好身体接触，可以更加有效地和对方进行沟通和交流。

## 阅读材料

### 沟通金字塔

这里介绍一个 L 版的沟通金字塔，如图 4—6 所示。下面四级（因人废言、无由反对、断章取义和简单立论）属于无效的沟通，上面三级（建议性意见、针对性反驳和寻求共识）才是有效的沟通。

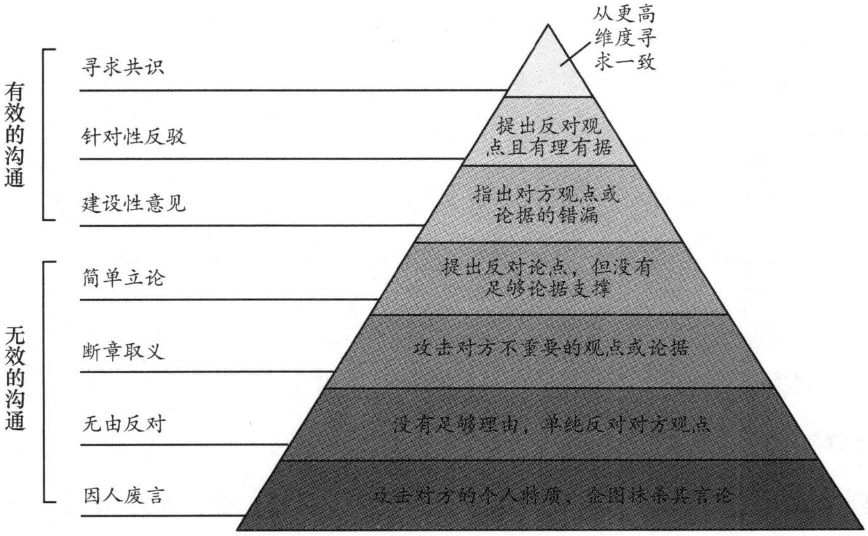


图 4—6　沟通金字塔

### 1. 因人废言

在网上，经常能看到这样的回复：“5 毛拿好，不送。”“发帖辛苦了，一个帖子多少钱？”“你洗地洗得还真是够卖力的。”这种沟通是基于对方的身份或立场而不是论据的正确与否，从基础上质疑对方表达和交流行为的合理性，这就是一种“因人废言”：不肯面对对方的观点，而是将炮火引向“人”身上，对对方进行人身攻击。这是最低的层级，因为这样做的人，压根就不是想沟通，而是单纯逞口舌之快。

具体来说，有两种情况：一种是诉诸人身，对对方进行人身攻击，从言语上贬损对方；另一种是诉诸动机，质疑对方有利益相关，或者立场偏激，也就是常说的“诛心之论”。

### 2. 无由反对

无由反对是许多人非常容易犯的毛病。那么，什么叫无由反对呢？具体来说就是，我觉得你说得不对，虽然我也不知道为什么，但我就是要反对你。举个例子，有一位老板说，现在的“95后”越来越难管了，前不久有名员工当面对他说“我不想加班”，他一听就生气了，当面斥责员工：“你怎么这么计较呢？一点吃苦和投入的精神都没有？”

问题在于：这位老板是一路加班加过来的，对他来说，加班早已成为一种常态，与“工作认真投入”牢牢绑定。他不会意识到，别人并不会这样想，不会觉得加班是一件“正确”的事情。如果说因人废言是“回避问题”，那么，无由反对就是“排斥问题”。

#### 3. 断章取义

断章取义，是一种攻击性反驳。它的模式就是，虽然我也说不出个大概，但是我觉得你说的不对，我要挑挑你的毛病。可问题在于，挑毛病还挑得不准。要么是没有击中核心，打到了次要的地方；要么是曲解了原意，自己立了一个“稻草人”在“打靶子”。

比如，A说，国外很多大学都是宽进严出，国内也应该效仿，这样才能激励大学生好好学习。B说，国外的东西又不是样样都好，为什么一定要学人家。这就是断章取义。A的观点重点在于“宽进严出”，而不在国外，B的攻击完全跑偏了方向，对主旨无关紧要。当然，比起前两种情况，断章取义还是要好一点，因为它毕竟开始“讨论”问题了。

#### 4. 简单立论

简单立论与前三种情况最大的区别在于：它不仅仅反驳，而且能够提出自己的主张。因此，它属于“立论”，而不是“驳论”。但是，它得出主张的推理过程是粗糙的，因此并不具备说服力，只是起到了“把自己的观点讲清楚”的作用而已。究其原因，就在于它将“普遍”和“特殊”混淆了。要么以个例来推断普遍情况，要么用普遍情况去推断个例。

那么，什么是以普遍情况推断个例呢？一般来说，有三种情况：诉诸权威，如因为某某专家说转基因有害，所以我拒绝转基因；诉诸常识，如人类干预的东西一定不如天然的好，这不是常识吗；诉诸群众，如朋友圈的文章都说是这么一回事，那就一定是这样。这种推论难免会产生谬误，这就是“简单立论”之所以无效的原因。

### 5. 建设性意见

从这一级开始，我们终于进入了“有效”的讨论。什么是建设性意见？虽然它也是一种反驳，但它的态度是友好、正面的。它并非为了驳倒或击败对方，而是想帮助对方补全论证、完善观点，达到更完备的状态。

要么它能够找到对方论据的错误，进行修正；要么它能够发现对方论点的缺漏，进行修补。这就是一种“建设性意见”。它没有曲解，没有舍本逐末，它的论证本身是正确的，而且因其存在，论证才更严密、更完整。

### 6. 针对性反驳

提出建设性意见基于一个前提，那就是双方对主要论点并无太大分歧，只是在局部细节上有不认同之处，因此进行查漏补缺即可。但如果你不认同对方的主要论点，那就必须提出“针对性反驳”：第一，反对对方论点，并提出自己的论点；第二，用严格的推理和论证来支撑自己的论点。

例如，房价是不会跌的，因为房价跌会引发经济动荡，所以政府会动用一切手段稳定房价。这就是一个（非常朴素的）演绎推理。它是先假定若干具备共识的前提，再通过因果关系，从前提出发，推出结果，也就是论点。如果你不认同演绎推理的结果，要么是你不认同它的前提，要么就是你不认同它的因果关系。无论如何，它总是能够追溯到某个环节的。从数据和前提出发，进行归纳推理或演绎推理，再把多个推理过程组合起来，建立起整个逻辑链条和结构——这才是有理有据的论证过程。只有这样，提出的观点和反驳才是有支撑的。

### 7. 寻求共识

第六级“针对性反驳”其实已经非常完善了，但仍然不是最高级的。为什么呢？因为它的本质还停留在反驳的程度，仍然存在争胜负、分高下的心态。而讨论的终极目的永远不是区分胜负，而是更接近真相。

所以，最高级的思路是什么？是把视角往上再提升一个层级，不拘泥于谁对谁错，而是分别找到双方合理的部分，再用一个更高层次的论点去总括，把它们涵盖进来。做到这一点当然很难，但唯有这样，沟通才会更有价值。

## 第三节 情商管理

如果说智商是一座沉睡的宝山，那么情商就是开发、挖掘这座宝山的最好的工具。一个人的发展，前半生取决于智商，后半生取决于情商。许多卓越人士并非在智商上高出常人多少，而是在情商上与常人拉开了差距。具有坚毅品格，有强烈的自信心和进取精神，好胜、谨慎的人往往能够成为卓越者。

### 一、何为情商

情商（EQ）是人认识情绪和管理情绪的能力。情绪是指心灵、感觉或感情的激动或骚动，泛指任何激越或兴奋的心理状态。情商被称为最有魅力的商数，也就是情绪智力，是指人在情绪、情感、意志、耐受挫折等方面的品质，主要包括认识自己的情绪、妥善管理情绪、自我激励、认识他人的情绪和人际关系的管理。

情商是与智商（IQ）相对的一个心理学概念，是评价人的情绪智力发展水平高低的一项指标，是相对于智商而言提出的与一个人成才和事业成功有关的一种全新的概念。情绪智力成形于我们的童年时期，但可在成年时期得到培育和加强——这对我们的健康、人际关系以及工作将会产生直接益处。情商是人的一种基本生存能力，决定人其他心智能力的表现，也决定人一生的走向与成就。

清华大学吴维库教授认为，情商就是管理情绪的能力。人体就如同一架马车，马车由马来拉动，人体由情绪推动。控制马的工具叫作缰绳，管理情绪的工具叫作情商。如果马车的马受惊失控，马车就会翻车，车毁人亡。如果人的情绪失控，人的行为就会出现异常。由此可知，提升管理情绪的能力多么重要。吴维库把这五个能力简单归纳成认识自己、管理自己、激励自己、认识别人和管理别人。

在人的情绪活动中，高情商与低情商各有其表现，见表4—1。

表4—1　　高情商VS低情商

| 序号 | 高情商 | 较高情商 | 较低情商 | 低情商 |
|---|---|---|---|---|
| 1 | 尊重所有人的人权和人格尊严 | 自尊 | 把自尊建立在他人认同的基础上 | 缺乏自尊和对他人的尊重 |
| 2 | 不将自己的价值观强加于他人 | 对彼此的价值观有基本的尊重 | 对价值观缺乏关注和认识 | 强硬、粗暴地向别人灌输价值观 |
| 3 | 对自己有清醒的认识，能承受压力 | 有独立人格，但在一些情况下易受别人焦虑情绪感染 | 能应付较轻的焦虑情绪 | 应对焦虑能力差 |
| 4 | 自信而不自满 | 比较自信而不自满 | 处理不好自信和自负的关系 | 缺乏自信 |
| 5 | 认真对待每一件事情 | 做事比较认真 | 不能很好地集中注意力 | 缺乏自控能力 |
| 6 | 人际关系良好，和朋友或同事能友好相处 | 有较好的人际关系 | 处理人际关系能力较差 | 处理人际关系能力差 |
| 7 | 善于处理生活中遇到的各方面的问题 | 能应对大多数问题 | 生活处理能力弱，要依赖他人 | 严重依赖他人 |

## 测试7

### 你的情商高吗？

这是一组欧洲流行的测试题，可口可乐公司、麦当劳公司、诺基亚公司等众多世界500强企业曾以此作为员工EQ测试的模板，帮助员工了解自己的EQ状况。本测试共33题，测试时间为25分钟，最高EQ为174分。

1. 我有能力克服各种困难：（　　）。

A. 是的　　B. 不一定　　C. 不是的

2. 如果我到了一个新的环境，我可以把生活安排得：（　　）。

A. 和从前相仿　　B. 说不好　　C. 和从前不一样

3. 我觉得自己能达到我所预想的人生目标：（　　）。

A. 是的　　B. 不一定　　C. 不是的

4. 不知为什么，有些人总是回避或冷淡我：（　　）。

A. 不是的　　B. 不一定　　C. 是的

5. 在大街上，我常常避开我不愿打招呼的人：（　　）。

A. 从未如此　　B. 偶尔如此　　C. 有时如此

6. 当我集中精力工作时，假如有人在旁边高谈阔论：（　　）。

A. 我仍能专心工作　　B. 介于A、C之间　　C. 我不能专心且感到愤怒

7. 我不论到什么地方，都能清楚地辨别方向：（　　）。

A. 是的　　B. 不一定　　C. 不是的

8. 我热爱所学的专业和所从事的工作：（　　）。

A. 是的　　B. 不一定　　C. 不是的

9. 气候的变化不会影响我的情绪：（　　）。

A. 是的　　B. 介于A、C之间　　C. 不是的

10. 我从不因流言蜚语而生气：（　　）。

A. 是的　　B. 介于A、C之间　　C. 不是的

11. 我善于控制自己的面部表情：（　　）。

A. 是的　　B. 不太确定　　C. 不是的

12. 在就寝时，我常常：（　　）。

A. 极易入睡　　B. 介于A、C之间　　C. 不易入睡

13. 有人侵扰我时，我：(　　)。

A. 不露声色　　B. 介于A、C之间　　C. 大声抗议以泄己愤

14. 在与人争辩或工作出现失误后，我常常感到浑身发抖、精疲力竭，而不能继续安心工作：(　　)。

A. 不是的　　B. 介于A、C. 之间　　C. 是的

15. 我常常被一些无谓的小事困扰：(　　)。

A. 不是的　　B. 介于A、C. 之间　　C. 是的

16. 我宁愿住在僻静的郊区，也不愿住在嘈杂的市区：(　　)。

A. 不是的　　B. 不太确定　　C. 是的

17. 我被朋友、同事起绰号挖苦过：(　　)。

A. 从来没有　　B. 偶尔有过　　C. 这是常有的事

18. 有一种食物使我吃后呕吐：(　　)。

A. 没有　　B. 记不清　　C. 有

19. 除去客观存在的世界，我的心中没有另外的世界：(　　)。

A. 没有　　B. 记不清　　C. 有

20. 我会想到若干年后可能使自己极为不安的事：(　　)。

A. 从来没有想过　　B. 偶尔想到过　　C. 经常想到

21. 我常常觉得自己的家庭对自己不好，但是我又确切地知道他们的确对我好：(　　)。

A. 否　　B. 说不清楚　　C. 是

22. 每天我一回家就立刻把门关上：(　　)。

A. 否　　B. 不清楚　　C. 是

23. 我坐在小房间里把门关上，但仍觉得不安：(　　)。

A. 否　　B. 偶尔是　　C. 是

24. 当一件事需要我做决定时，我常觉得很难：(　　)。

A. 否　　B. 偶尔是　　C. 是

25. 我常常用抛硬币、翻纸、抽签之类的游戏来预测吉凶：(　　)。

A. 否　　B. 偶尔是　　C. 是

26. 为了工作，我早出晚归，早晨起床我常常感到疲惫不堪：(　　)。

A. 是　　B. 否

27. 在某种心境下，我会因为困惑陷入空想，将工作搁置下来：(　　)。

A. 是　　B. 否

28. 我的神经脆弱，稍有刺激我就会战栗：(　　)。

A. 是　　B. 否

29. 睡梦中，我常常被噩梦惊醒：(　　)。

A. 是　　B. 否

30. 工作中，我愿意挑战艰巨的任务：(　　)。

A. 从不　　B. 几乎不　　C. 一半时间

D. 大多数时间　　E. 总是

31. 我常发现别人好的意愿：(　　)。

A. 从不　　B. 几乎不　　C. 一半时间

D. 大多数时间　　E. 总是

32. 我能听取不同的意见，包括对自己的批评：(　　)。

A. 从不　　B. 几乎不　　C. 一半时间

D. 大多数时间　　E. 总是

33. 我时常勉励自己，对未来充满希望：(　　)。

A. 从不　　B. 几乎不　　C. 一半时间

D. 大多数时间　　E. 总是

注：扫描封底二维码，查看测试结果分析。

## 二、认识情商及其模型

美国哈佛大学心理学系教授丹尼尔·戈尔曼认为，情商就是人管理情绪的能力或工具。情商包括五种能力，即认识自身情绪的能力、妥善管理自己情绪的能力、自我激励能力、认知他人情绪的能力和人际关系处理能力，如图4—7所示。

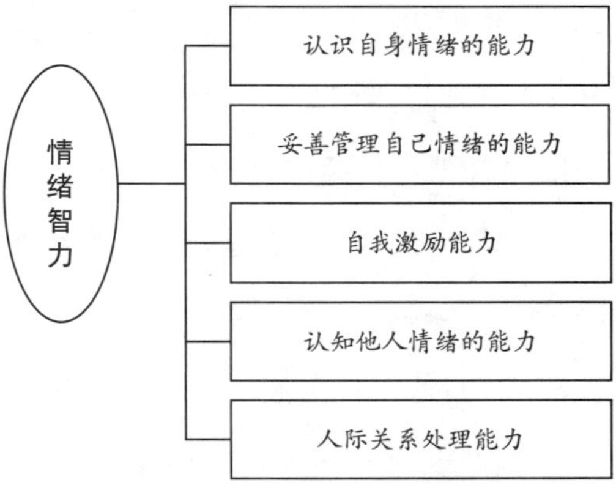

图4—7　戈尔曼的情商模型

### 1. 认识自身情绪的能力

认识自身情绪，就是能认识自己的感觉、情绪、情感、动机、性格、欲望和基本的价值取向等，并以此作为行动的依据。认识自身情绪是情商的基石，这种随时认知情绪的能力，对个体更好地了解自己非常重要。不了解自身真实感受的人必然沦为感觉的奴隶，只能听凭这些情绪的摆布；反之，能准确地了解情绪产生的原因并能很好地掌握自身感觉的人才能成为生活的主宰，才能更好地把握自己的人生。

### 2. 妥善管理自己情绪的能力

妥善管理自己情绪，是指对自己的快乐、愤怒、惊讶等体验能够自我认识，自我协调。自我情绪管理建立在自我认知的基础上，通过自我调节，达到自我安慰，摆脱焦虑、忧郁、沮丧等消极心态的目的。这方面能力较匮乏的人会被不良情感所左右或陷于低落的情绪之中，而这方面能力强的人则能很快走出低谷，重新振奋起来。

### 3. 自我激励能力

自我激励，是指面对自己想要实现的目标，随时进行自我鞭策、自我说服，始终保持高度热忱、专注和自制。自我激励就是要胜不骄、败不馁，激励自己朝着一定的目标努力奋进。在学习和工作中要取得成功就应集中注意力，而且还要发挥创造力，专一的情绪是取得成功的必要条件。要做到这一点就要不断地增强自我成就感，要不断地给自己确定目标，不断地强化自己的坚强意志，用自己取得的成就勉励自己，充满自信是取得一切成就的内在动力。自我激励在一个人成才过程中是一个非常重要的因素。

**4. 认知他人情绪的能力**

认知他人的情绪，是指对他人的各种感受能“设身处地”地、快速地进行直觉判断，了解他人的情绪、性情、动机等，并能做出适度的反应。认知他人情绪需要同理心。同理心，就是善于体会别人的感受，这是基本的人际交往技巧，也称移情。具备同理心的人能从细致的信息中感觉他人的需求，能够站在他人的角度考虑问题，体察他人的情绪，感受他人的真实感受，了解他人的真实需要。

**5. 人际关系处理能力**

人际关系是一门管理他人情绪的艺术，是维系融洽的人际关系、理解并适应他人情绪的能力。能否细微地关注、恰当地对待他人的情绪，往往决定着一个人的人缘、领导能力及人际和谐程度。

在有关情商的众多理论之中，最经典的就是丹尼尔·戈尔曼的情商树。丹尼尔·戈尔曼把情商用一棵树来描述：树根由四种情绪和五项能力构成，如图4—8所示。四种情绪为，认识别人的情绪，管理别人的情绪，认识自己的情绪，管理自己的情绪。五项能力为，认识自己，管理自己，认识别人，管理别人，激励自己。树干就是情商，由四种情绪和五项能力支撑起来，树冠是情商的内容。

五项能力在具体应用中会随着场景而变化，并产生新的应用原则。所以，情商树因人、因场合而异，并且不断发育和成长。例如，职场上的情商与影响力、家庭中的情商与影响力，医生的情商与影响力、教师的情商与影响力等。

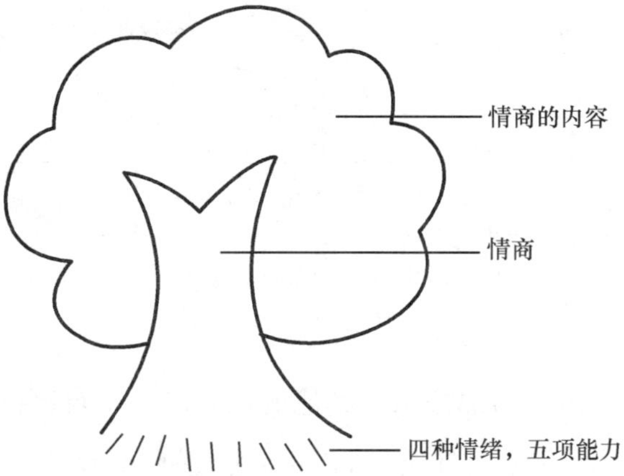


图 4—8　戈尔曼的情商树

## 三、职场情商管理

每年的六七月份，大量的应届毕业生进入工作岗位，开始他们的第一份工作，但对于其中许多人而言，他们职业之路的起始充满挫折。许多新员工的处事方式并不能让老员工认可，他们在工作中不断与同事产生摩擦和冲突，甚至过了好几个月都不能融入团队。原因就是，刚出校门的学生虽然有很高的学历，但往往情商不足，不能很好地处理人际关系和团队关系。社会心理学家研究发现，一个人能否取得成功，智商只起到 20%的作用，剩下的 80%均来自情商。而能否驾驭心情、控制情绪、承受压力就是判断一个人情商高低的关键指标。可见，对于职业人来说，职场中的情商管理尤为重要。

### 1. 职场情商层次

一般来说，职业人情商的展现可以分为三个层次，如图 4—9 所示。

第一，最低层次是情商较差。具体表现为主观、感性、随心所欲、喜怒无常、情绪变化大，这会对个人的职业发展造成损害甚至灾难。比如，某公司员工一天在上班路上与人吵架，结果到了公司觉得还没有吵痛快，刚好看到一个同事走过来，于是逮着同事又吵了一架，终于痛快了。不久，公司有意向提拔

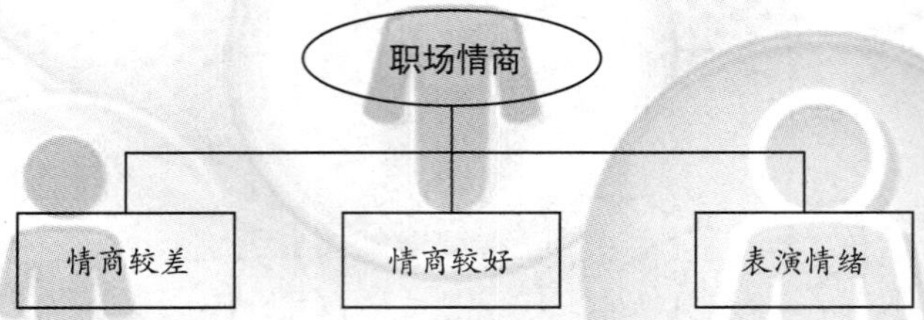


图 4—9 职场情商层次

该员工做部门经理，提前内部公示，其他员工可以提出自己的意见，这个时候，之前与之吵架的那个同事就向上级反映“此人情绪极不稳定，建议不予提拔”。当然，情商差的主要损害还是在于不能与人很好沟通合作，以及不能很好进行自我管理，使工作无法顺利开展，难以处理好与同事和上级的关系。

第二，情商的中间层次是情商较好，能理性开展工作。这个层次的员工工作理性而不感性，积极而不消极，乐观而不悲观。首先，他们能控制个人情绪，不将个人的主观情绪带到工作中，工作中表现理性、客观、就事论事。其次，他们能保持积极乐观，工作中遇到困难时能较好地调整个人情绪，勇于面对和克服困难，而非退缩甚至一蹶不振。这样的员工是每家企业都喜欢和欣赏的。

第三，情商展现的第三个层次也是最高的层次，叫作表演情绪。这些人大多是成功的领导者和管理者，他们以达成工作目的为导向，熟练运用情绪，而不是仅仅管控个人的情绪。他们有时表现出愤怒，虽然内心可能是开心的，但为了让某个“老油条”员工老实听话，只好疾言厉色；有时则表现出镇定自若，虽然内心紧张不已，但是为了让下属不恐慌，却装作若无其事。古话说“胸有惊雷而面如平湖者，可为上将军也”，就是这个意思。

**2. 职场情商管理的四部曲**

无论是企业 CEO 还是普通员工，无论是办公室白领还是建筑工人，都难以逃脱情绪的包围。喜、怒、哀、惧这四种人类的基本情绪构成了丰富的情感元素。在某种意义上，我们都是情绪的“奴隶”。个人情绪管理的最高境界是

“情绪自主”，做到“情绪自主”的人要拥有四种能力，如图 4—10 所示。

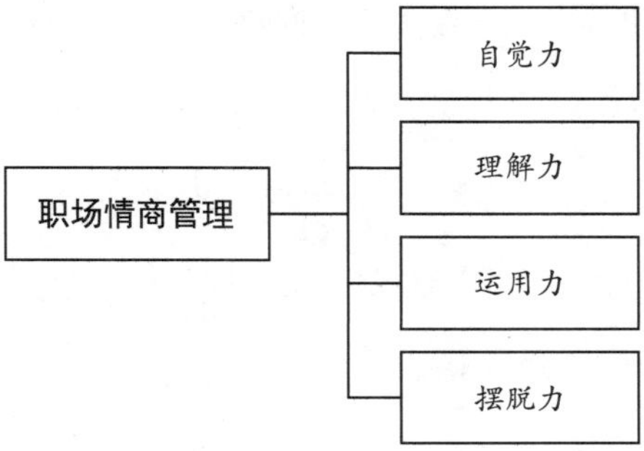

图 4—10　职场情商管理四部曲

第一，自觉力。对自己的状态保持高度觉察，对自己当下的每个情绪和感觉都有清晰的洞察，可以和自己的情感做亲密的交融互动，能够明确表达出自己现在很生气、很难过、很悲伤、很愤怒等。

第二，理解力。明白自己的情绪来源不是外部，而是内心的价值观和信念。或者说，情绪是自己过去的生命经验投射到现在的人或事物上所产生的一种自动反应模式。能够打破经验的束缚，为自己做一个正确的选择。

第三，运用力。每一个情绪背后都有一份礼物和其所属的正面价值，我们平常所说的负面情绪也是深具正面价值的。比如，对某个人有了愤怒的感觉，那就是在提醒自己，对方的行为已经侵犯到自己；朋友出事，你感到很悲伤，会让自己明白这个人对你很重要，他也会更加珍惜你们的友谊。清楚每一种情绪和感觉都是一份推动力，会引领你到达一个新高度。

第四，摆脱力。当自己遭遇负面情绪的侵扰，而环境又不允许这样的情绪存在时，就需要自己改变环境来摆脱不良情绪的控制。比如，会议中对一个人的发言很生气，可现场又不容许自己表达，这时就要选择立即从生气的状态下抽离出来，等到会议结束后再去为自己这个生气的情绪负责，如找当事人进行当面沟通等。

**3. 如何提升职场情商**

那么，职业人如何提升情绪管理水平，展现良好职场情商呢？可以从以下几个方面进行修炼。

第一，心胸要足够宽广。职业人需要修炼自己的格局，宽广自己的心胸。

正所谓“牢骚太盛防肠断，风物长宜放眼量”，做人千万不能太斤斤计较、小家子气。要想宽广心胸，首先要给自己树立远大的目标，目标远大眼光自然也长远，就不容易斤斤计较、小家子气，认为自己是做大事的人，不能花太多时间精力在一些不足道的小事上面；其次可以看一些伟人英雄的事迹，他们高尚、胸有千壑、指点江山，会让你不由自主地跟着热血沸腾，认为大丈夫当如是也，格局和气概变大；最后，业余时候可以去一些开阔壮丽的地方走走看看，如高山、海边，洗涤心情，使人神清气爽、心胸宽广。

第二，抗压能力要提升。许多时候造成压力的源头是人力无法改变的，但是我们可以改变我们抵抗压力的能力。就像一袋50千克的大米，我们力气小的时候扛不动，当我们力气大了就能扛起来了。所以说，要调节、改善情绪，提升抗压能力很重要。要想提升抗压能力，就要给自己设立一些有挑战性的目标，做有挑战性的工作。一般来说，随着个人能力的提升、工作阅历的增加，个人的抗压能力也会随之提升。但抗压能力的提升也需要一个过程，不可能一下子从弱到强。比如，一位妈妈一开始力气不大，宝宝5千克重的时候她可以抱着，等宝宝10千克重的时候她仍然能抱着，直到宝宝几十千克重的时候，她还是能抱得动，这就是在宝宝成长的几年中，她的力气慢慢在增长，而如果让她一下子从第一天抱5千克到第二天就抱20千克，相信难度就非常大了。提升抗压能力也是一样，需要循序渐进。

第三，要有同理心。同理心是职场思维中很重要的一种思维，它要求我们从对方的立场和角度去考虑问题。许多人在与他人沟通不畅时都会下意识地想：“他怎么能这样呢？怎么不考虑我的困难呢？”于是在沟通中情绪越来越激动，甚至因此引发冲突。其实，如果多从对方的角度和立场考虑问题，你会发现很多时候对方提出和你意图相左的观点和想法不是故意为难你、与你作对，而是受他遇到的现实问题影响，经过他考量所得出的。所以，如果我们能多用同理心去理解彼此，加深了解，很多合作就会更顺利、更和谐。

第四，要学会适当宣泄情绪。大禹治水，堵不如疏。一个人在现实社会中工作和生活，时间长了难免会积蓄一些负面的情绪，这就需要我们寻找宣泄途径，或者说发泄。很多男士通过高强度的运动来宣泄情绪，跑出一身汗，或者大吼几声，情绪就宣泄掉了；一些女士通过逛街购物宣泄情绪，钱花出去了，心情也变好了。现在很多企业关注到了员工的情绪管理问题，例如，某家企业开辟一个房间，放企业高管的“1∶1”橡胶塑像在里面，员工心情不好的时候就进去打，结果一个月下来，“董事长”面目全非，“总经理”的头也不知去向，但是员工通过这样的发泄心情变得舒畅了。

第五，要适当缓和情绪。我们常常能看到一些大企业家在自己的办公室里写书法或者泡功夫茶。是他们太闲，没事做吗？显然不是，实际上他们是通过这样的方式使自己平心静气，缓和情绪。因为企业越大、位置越高，做的决策影响面就越大，有的时候一个决定就会左右企业的成败，所以更需要理性，不可意气用事。一幅书法写下来，一轮功夫茶泡下来，心绪宁静，所做的决策自然更加客观、理性。当然，大部分人可能没有条件在办公桌上写书法或者泡功夫茶，那么，也可以吃一些甜品，或者听听轻音乐，适当缓和自己的情绪。

## 案例

### 37 分带来的噩梦

谈起职场中的情商管理，我们还是从一封来信说起。来信内容如下。

张老师：

你好，我今年 28 岁，已婚，3 年前从国外留学回来，一直在某民营企业工作，本来心态还算不错，但最近下班回家跟老婆总莫名其妙吵架。

事情的起因是去年 12 月底，单位请了一家管理咨询公司来给我们做情商测试。我在国外学的就是管理专业，说句极端点儿的话，那家所谓的管理咨询公司就是装神弄鬼玩些极不靠谱的小儿科骗术，但我们老板居然信了。

我承认我是带着很大的情绪去做的情商测试，故意乱答题，结果我只得了37分，居全公司倒数第一。令我难以接受的是，他们竟然根据这个测试结果建议我调离与人打交道的岗位。这不是明摆着想赶我离职吗？幸好我的直接上司对我比较认可，在他的据理力争之下，公司没有换我的工作也没有让我离职。

原先说测试结果会保密，但这则消息已经被传得沸沸扬扬，我在车库、在电梯、在食堂都听到过别人在议论此事，他们发现我时都赶紧闭上嘴。那种无辜被玷污又无法还击的感觉太糟糕了。公司最信任我的就是我的直接上司，他跟我说别理这件破事，专心把工作做好，用事实说话。我知道他说得对，但我确实做不到。我很怀念以前的平静生活，很想尽快回去。

任非

这位28岁的“海归”对单位做情商测试很排斥，故意考出了37分的低分，没料到带来了极其麻烦的后果，让他内心备受煎熬。事后张老师进行了如下采访。

张老师：我们现在回头来看，你一开始就很抗拒这种情商测试，所以才故意乱答题的？

任非：是，我开始确实认为这只是一场游戏、一场闹剧而已。但我开玩笑别人当真，闹剧就成了悲剧。

张老师：首先要让闹剧的糟糕影响在你心里消停，就目前的情况，要么就“酷”到底，仍然相信这个测试只是一场闹剧，对测试结果和别人的误解一笑了之，像你直接上司所说的那样用事实说话。要么承认是自己情绪失控导致的暂时性误解与尴尬，相信随着时间流逝，这一页会很快翻过去。

任非：我没有那么强大的内心“酷”到底，还是选择后者。你有何建议？

张老师：你开了一个不该开的玩笑，又没做好承担这个玩笑后果的心理准备，内心就感觉很受伤害。我建议你先弄清楚自己的情绪，接纳它，再给它找到合适的出口。用不恰当的方式发泄情绪往往会适得其反，让问题更加严重。

从上述案例中，我们可以看出，情商虽说不是测出来的，但是对待测试的态度本身也是一种情商反应。我们要提升情商，不能纠结于一次测试结果。丹尼尔·戈尔曼博士对提升情商还做过一个更简单的诠释：情商的提升就是渐渐明白做人的道理。他的很多著作都能够帮助人们了解自己，学会与自己和平相处，努力做更好的自己；同时告知人们在与他人相处时如何自如自在，提高彼此的心理舒适度，从而取得和谐的人际生态环境，让生活与工作都更美好、更幸福。

## 第四节　如何提高职场沟通能力

一个人在职场上的成功，良好的人际关系占“二八定律”中的“八”，而有效的沟通又占人际关系“二八定律”中的“八”，所以，有效的沟通是一个人职场成功的重中之重。提高职场沟通能力，就是要学会与同事、上司、下属等进行有效沟通。

### 一、与同事进行有效沟通

与同事沟通时，需要注意以下禁忌事项：过高地定位自己的价值，忽略他人价值，这是自大；过度抬高自己的价值，忽视他人的想法，这是自傲；缺乏整体观念和大局意识，推卸责任给他人，这是自私；唯恐他人比自己强，相互保密，明攀暗压，这是自闭；自己常有理，对方没道理，这是自我。

与同事相处的技巧很多，具体包括：

- 同事之间都是伙伴，要竞合不要竞争，不要把关系搞得很紧张，互相之间要宽容，不要太苛刻。

●寻求同事帮助时要真诚，这一点非常重要。有的人找同事帮忙不是因为自己遇到困难，而是给同事出难题，千方百计把同事难倒，然后告诉对方解决方法，这是不受人欢迎的。

●寻求同事帮助要有节制。每个人的时间都很宝贵，不要什么事都找人帮忙，实在遇到困难了、实在解决不了再去寻求帮助。

●要有热心肠，乐于助人。助人就是自助，帮别人多了，别人自然也喜欢帮助你。

●要多创造沟通合作的机会，不要把自己封闭起来。沟通合作多了，相处自然容易。

●要珍惜关心他人的机会。每个人都有自尊，别人寻求帮助的时候你拒绝了，下一次别人就不好意思再向你请求援手，关系就疏远了。

●要赞美和恭维同事，但要注意分寸。夸大其词就成了挖苦。孤芳自赏、鹤立鸡群不可取，要积极融入到团队中去，无论你多优秀都要融入集体，努力消除彼此之间的隔阂。

●对同事的不足，要真诚、巧妙地提出，不要让对方难堪。

●要积极参加集体活动，在活动中增进了解。

●要拒绝负面情绪和流言蜚语，不可随意发脾气，也不要到处散布谣言，制造混乱。

## 二、如何与上下级有效沟通

与上下级的沟通，既包括与上司之间的有效沟通，也包括与下属之间的有效沟通。

### 1. 与上司之间的有效沟通

在与上司沟通的时候，需要注意以下事项：向上司请示、汇报，要做好充分的准备；要认真倾听，对上司的建议、要求、任务必须听清楚、听明白，不明白时要及时反馈以获得进一步解释；不仅向上司请示、汇报，还要向上司提建议，说服他接受正确的观点。与上司沟通一定要专注，最好随身带着笔记本和笔，把重点记下来，避免遗漏；在沟通的过程中，要用表情和动作表示自己的专注，例如微笑和点头，让上司时刻知道自己理解了、听明白了。

许多员工不愿意面对上司、怕上司，与上司沟通的效果不理想，这主要是因为他们没有掌握与上司沟通的技巧。与上司相处有很多技巧，例如：

- 主动汇报工作的进度、细节和重点。
- 对上司的询问有问必答，而且清楚明了。
- 与上司保持同频，不断地学习，跟上上司的速度。
- 虚心接受批评，及时总结，尽量做到同样的错误不犯第二次。
- 不忙的时候，主动帮助上司。
- 任何任务都尽力做到最好，精益求精，但不要与上司争功。
- 对自己的每次进步要谦虚，要提出改善建议，争取百尺竿头更进一步。

**2. 与下属之间的有效沟通**

与下属沟通时需要注意如下事项：要营造轻松的气氛，一般下属见到上司都会紧张，生怕说错话，这些都是沟通的障碍，会掩盖问题，影响沟通的效果；在与下属沟通时，最好先从生活谈起，关心下属的生活，让下属放松下来；在沟通之前要清楚沟通的目的，做到沟通时有的放矢；在提出指导和意见时，最好从对方谈到的问题出发，总结归纳，提出意见；遇到比较复杂的问题时，一定要提出自己的疑问，把问题弄清楚，避免不了解情况瞎指挥；在下属描述情况、阐述自己观点的时候最好不要打断他，要鼓励他把事情说清楚、把道理讲明白，以便全面掌握情况、把握下属的意见，然后再表达自己的观点。

与下属相处的技巧很多，例如：

- 要把握好分寸，要公平待人，对所有的下属要一碗水端平，无论是谁，优秀的就要奖励，落后的就要惩罚，分配任务要从工作出发，不能因人而异。

- 处理问题，要对事不对人。
- 遇到困难，要真诚关心下属。
- 要对下属的职业发展负责，帮助他提升能力，发挥他的特长。
- 与下属要保持适度的距离，避免走得太近，影响其正常工作。

## 测试 8

### 测测你的职场人际沟通能力

职业规划专家说，职场中 90% 以上的误解来自沟通不畅。具备良好的沟通能力，不仅能让你的工作事半功倍，而且还能提升你的晋升概率。那么，你的职场人际关系以及沟通能力如何？来测测吧！

**测试题目**

当你和一个陌生人第一次见面时，你最反感的是（　　）？

A. 跟你很疏远，不够大方

B. 主动靠近你，拍你的肩膀，跟你称兄道弟

C. 抢着讲话，油腔滑调，把你当听众

D. 不停地问你个人的问题，像身家调查一样

注：扫描封底二维码，查看测试结果分析。

## 职业活动训练

**1. 为什么下段材料中的希腊员工会辞职？**

请阅读下面的一段对话。

美国老板：完成这份报告要花费多少时间？

希腊员工：我不知道完成这份报告要花费多少时间。

美国老板：你是最有资格提出时间期限的人。

希腊员工：十天吧。

美国老板：你同意在15天内完成这份报告吗?

希腊员工：没有做声（认为是命令)。

15天后，两人沟通。

美国老板：你的报告呢?

希腊员工：明天完成（实际上需要30天才能完成)。

美国老板：你可是同意今天完成报告的。

第二天，希腊员工递交了辞职信。

请从沟通的角度分析美国老板和希腊员工的对话，说明希腊员工辞职的原因并提出建议。

**2. 测试你的职场社交能力。**

请根据第一感觉作答。

1. 你以为自己是一个十分八卦的人吗?

是的——2

不是——3

2. 你在阳台晒衣服的时候往楼下泼过水吗?

是的——3

不是——4

3. 你经常指出别人的不足，要求他们去改进吗?

是的——4

不是——5

4. 通常你不喜欢去打断别人的谈话?

是的——6

不是——5

5. 你有跟自己分享喜怒哀乐的固定人群吗?

是的——7

不是——6

6. 即使和与自己兴趣不同的人相处，你也不会感到趣味索然、无话可谈吗？

是的——7

不是——8

7. 你有不大礼貌的口头禅吗？

是的——8

不是——9

8. 你善于和老年人谈他们关心的问题吗？

是的——9

不是——10

9. 你是否偶尔会做出一些言而无信的事？

是的——10

不是——11

10. 当你来到一个新集体时，会觉得交新朋友是一件很容易的事吗？

是的——11

不是——12

11. 遇到不顺心的事，你会精神沮丧、意志消沉，或把气出在家人身上吗？

是的——12

不是——13

12. 当你告诉别人一件事情时，是否试图把事情的细节都交代得很清楚？

是的——13

不是——14

13. 你是否经常不假思索就在网上发表意见？

是的——14

不是——15

14. 在上学的时候，你经常被人起很不雅的绰号吗？

是的——16

不是——15

15. 你关心报纸、电视等信息渠道中的社会新闻吗？

是的——16

不是——17

16. 当发觉自己无意中做错了事或损害了别人的利益时，你会很快地承认错误并道歉吗？

是的——18

不是——19

17. 天气很好，有朋友叫你出门去爬山，你拒绝的理由可能会是下面哪个？

不喜欢爬山——C

有其他打算——20

就是爱宅着——D

18. 如果在电脑前面的你被朋友拉到餐厅吃饭，你无法顾及自己的形象，全身上下有一处无法打理时，你能接受哪种？

头发没有认真打理——C

穿一双拖鞋——19

衣服有点脏——B

19. 如果在家的你被邻居拜托照看小朋友，你会采取哪种照顾方法？

把他扔一边，自己玩电脑，偶尔看看他的情况——D

耐心地教他玩，给他讲故事——A

哄他赶紧睡觉——E

20. 下班之后，同事叫你去聚会，你会怎么做？

去吧，跟同事搞好关系——B

不去，上班对着这帮人已经够久了——A

看心情好不好，不好就不去——E

注：扫描封底二维码，查看职业活动训练结果分析。

## 思考题

1. 你认为职场中最困难的沟通是什么？为什么？

2. 你一般与什么人交往？你的好朋友是怎样评价你的？

3. 如果你感兴趣的事情你的上司偏不让你做，而你不感兴趣的事情上司却偏让你做，这时候你会怎么办？

# 第五章

# 团队合作能力

没有完美的个人，只有完美的团队。

——马云

## 学习要点

☆ 团队合作能力的内涵

☆ 如何培养团队精神

☆ 如何提高团队合作能力

## 案例

### 史上最成功的团队——唐僧团队

唐僧四师徒性格迥异，却历经百险，坚定地朝目标前进，终于求取真经，可以说唐僧团队是经典的团队组合。由不同风格成员组成的企业团队，尽管内部会发生矛盾，但他们之间优势互补又目标一致，往往更容易取得成功。阿里巴巴创始人马云就曾经表示唐僧团队是最完美的团队。唐僧这样的领导，对自己的目标非常执着；孙悟空虽然很自以为是，但是很勤奋，能力强；猪八戒虽然懒一点儿，但是拥有积极乐观的态度；沙僧，虽然从来不谈理想，但却脚踏实地。因此，这四个人合在一起形成了最完美的取经团队。

归结起来，唐僧团队主要包含四种角色：德者、能者、智者、劳者。他们分工明确，如网友所说："德者领导团队，能者攻克难关，智者出谋划策，劳者执行有力。"

能者居前——孙悟空能力强、个性率直、想法多、行动灵活，可谓团队内的优秀人才。然而，孙悟空却欠缺自我约束力、团队合作精神和全局决策能力。可以说，孙悟空是能力超强的执行者，但不能成为运筹帷幄的管理者。取经团队里有这样的孙悟空才能形成一个优秀的团队，因为团队中已经有了一位优秀的管理者——唐僧了，如果团队里同时存在两个优秀管理者必定会造成冲突矛盾。对于孙悟空这种能力超强的人才，重点是要懂得如何管理以及如何提升他的忠诚度，这就涉及团队的规章制度、团队文化和领导才能了。

智者在侧——关于猪八戒的评价褒贬不一，但他在团队中却是不可或缺的角色，网友总结得好："虽然好吃懒做，但是干起活儿来也保质保量；虽然自私自利，但会坚持大立场；虽然喜欢打小报告，但也不会无中生有；虽然逢迎领导，但也愿意与群众为伍。还有八戒的协调能力是孙、沙二人不具备的，时而劝服孙悟空继续西行，时而替孙悟空跟师傅说情，从这些我们可以看到，团队里是不能缺少八戒式的员工的。”且不说猪八戒不俗的战斗力，他在团队中最重要的作用就是协调各方，为整个团队的氛围带来活力。这种类型的员工虽然没有宏大目标和过人能力，但也能按时保质完成工作任务，并且给团队增添活力和欢乐，在团队里也是重要角色。

劳者居下——最后就是沙僧了，也许有人觉得沙僧作用不大，但是试想没有了沙僧，唐僧团队完整吗。正如网友所说：“唐僧只知发号施令，无法推行；悟空只知降妖伏魔，不做小事；八戒只知打打下手，粗心大意。那么，谁牵马、喂马，做好后勤呢?”沙僧能力一般，但忠心耿耿、工作踏实、任劳任怨、心思缜密，并且有良好的团队合作精神。这种角色虽然不会有大作为，但是团队运行也离不开他。

由此看来，唐僧团队之所以被奉为经典，离不开他们四个角色的优势互补。网友将其总结为“性格型互补，大智若愚、信念坚定的唐僧，敢作敢为、刚直不阿的悟空，油头滑脑、自私自利的八戒，实实在在、立场坚定的沙僧；优势型互补，方向明确、掌控悟空的掌门唐僧，本领高强、降妖伏魔的先锋悟空，抖假机灵、拾缺补漏的副手八戒，踏实肯干、任劳任怨的员工沙僧；技术型互补，有权威、会念咒的唐僧；会打架、透视眼的孙悟空；会算计、耍聪明的猪八戒；肯吃苦、有力量的沙和尚。”除了互补性强之外，他们目标一致、团结融洽也是团队成功的关键。

因此，一个好的团队应该聚集着四种人：德者、能者、智者、劳者。德者领导群雄，能者冲锋陷阵，智者运筹帷幄，劳者保证执行。唐僧团队就是这样的团队。

团队合作是指个人愿意作为群体中的一个成员，与群体中其他人一起协作完成任务，而不是单独地或采取竞争的方式从事工作。在职场中，企业要想实现整体效率的提升，绝不取决于哪名员工或是哪些员工卓越的工作能力，而是取决于整体员工的素质和协作能力。

## 第一节　认识团队合作能力

目前，关于团队有一种比较有意思的解释，团队就是有“口”“才”的人和一群有“耳”“听”的人组成的组织。只讲不听的组织是团伙，很冲动，这样的团队并非真正的团队，充其量只是一个群体。这种解释虽然有些偏见，但是在某种意义上说也是对团队的一种很精准的解读。这里的“口”就是要沟通，“耳”就是要聆听。俗话说，一流的团队靠成员协作，二流的团队靠单个人才。两者的区别就是我们所说的团队合作能力。

### 一、何为团队合作

说起团队（Team），当代美国管理学家斯蒂芬·P. 罗宾斯认为，团队就是由两个或者两个以上的，相互作用、相互依赖的个体，为了特定目标而按照一定规则结合在一起的组织。对此，我们一般理解为员工和管理层组成的一个共同体，该共同体合理利用每一名成员的知识和技能协同工作、解决问题，达到共同的目标。可以说，团队是由一些具有共同信念的人为达到共同目的而组织起来的，各成员通过沟通与交流，保持目标、方法、手段的高度一致，从而充分发挥各成员的主观能动性，运用集体智慧将整个团队的人力、物力、财力集中于某一方向，形成比原组织具有更强战斗力的工作群体。

一般团队有五大构成要素，即 5P，如图 5—1 所示。第一，目标（Purpose）。团队必须有共同目标。这个目标就是团队存在的价值所在，并指引团队成员前进的方向。第二，人（People）。人是团队的核心力量。第三，定位（Place）。团队也好，成员也罢，都必须有明确的定位。这样的团队才有凝聚力和战斗力。第四，权限（Power）。一般而言，不同的团队层级拥有不同大小的权限。第五，计划（Plan）。团队与个人最大的区别就是团队的行为有明确的计划性，为实现组织既定的目标，而有计划地去执行各项任务。

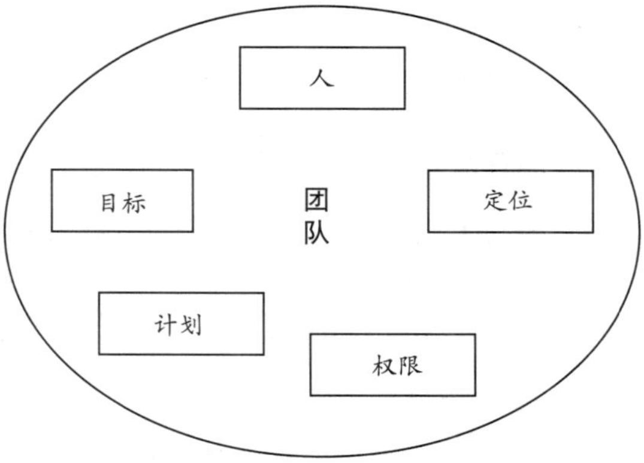


图 5—1　团队的构成要素

说到团队合作，不由让人想到了“木桶理论”，也就是“木桶定律”，其核心内容为，一只木桶盛水的多少并不取决于桶壁上最高的那块木板，而恰恰取决于桶壁上最短的那块木板。根据这一核心内容，“木桶理论”还有两个推论：其一，只有桶壁上的所有木板都足够高，木桶才能盛满水；其二，只要这只木桶的桶壁上有一块木板不够高，木桶里的水就不可能是满的。在团队中，成员就如同构成木桶的木板，团队能否成功并不取决于那名最优秀的成员，而往往取决于最弱的那名成员，也就是团队的“短板”。一只木桶能够装多少水在正常情况下不仅由最短的那块木板决定，同时也与桶壁上所有木板的紧密程度有很大关系，这一点反映在团队中就是每名成员之间的合作。然后再看桶底，一只好的木桶，首要的是它的桶底必须是好的。没有一个好的桶底，这只桶就盛不了水，桶底就相当于团队为每个成员提供的发展平台。

身在职场中的每个人无论从事什么样的工作，其实都处在一个团队中。这个团队中的每个人各司其职，才使得团队的努力可以获得收益，单凭一个人是无法完成一个有规模的项目的。团队的命运和利益包含了每一名成员的命运和利益，任何成员都不可能使自己的利益与团队脱节。只有团队获得更多利益，个人才有望得到更多利益，因此，我们每个人都应该具有团队精神，把自己融入团队，在尽自己本职的同时与团队其他成员协同合作。

## 二、何为团队合作能力

所谓团队能力，也就是团队合作能力或团队协作能力，是指建立在团队的基础之上，发挥团队精神、互补互助以达到团队最大工作效率的能力。团队的成员不仅要有个人能力，更要有在不同位置上各尽所能、与其他成员协同合作的能力。团队合作指的就是一群有能力、有信念的人在特定的团队中，为了一个共同的目标相互支持合作奋斗的过程。它可以调动团队成员的所有资源和才智，并且会自动地驱除所有不和谐和不公正现象，同时给予那些诚心、大公无私的奉献者适当的回报。如果团队合作是出于自觉自愿，它必将会产生一股强大而且持久的力量。

因此，团队合作能力对于一个团队至关重要。假设团队总能力为 $A$，队长的团队组织能力为 $a$，每名成员的平均个人能力为 $b$，队中人数为 $c$，团队合作能力为 $d$，那么，$A=a(bc)(bc)(bc)\cdots(bc)(bc)$［共 $d$ 个 $(bc)$ 相乘］，可见团队合作能力的巨大作用。一般来说，团队合作能激发出团队成员不可思议的潜力，让每名成员都能发挥出最强的力量。但是，“1+1”的结果却是大于1的，也就是说，团队工作成果往往能超过成员个人业绩的总和。正如一根筷子能轻易被折断，但把更多的筷子放在一起，想要折断它就是很困难的事。

一般来说，评价团队合作能力的强弱可从团队管理、整体意识、协作能力和合作能力四大维度进行，具体评价等级见表5—1。

表5—1　团队合作能力评价等级

| 序号 | 级别 | 评价说明 |
|---|---|---|
| 1 | 优秀 | 有很强的团队影响力，带领大家实现团队目标；妥善地解决成员之间的分歧，对他人的关注程度很高，认真吸收每个人的意见；尊重和信任团队成员，沟通积极有效 |

续表

| 序号 | 级别 | 评价说明 |
|---|---|---|
| 2 | 良好 | 注重团队目标，引导团队行动朝向整体目标前进；关心团队成员的意见；合作意识好，可以进行有效沟通 |
| 3 | 中上 | 乐于提及团队目标的实现，尝试协调团队成员，比较他人的意见和自己的意见，有效沟通 |
| 4 | 中等 | 思想或行动向团队靠拢，在团队成员有分歧时趋向于旁观，对团队成员有兴趣，可以进行一般程度上的沟通，交换意见 |
| 5 | 中小 | 一味强调自己的意见，不向组织目标靠拢，沟通态度不积极 |
| 6 | 较差 | 合作意识较差，不愿意改变自己的意见，不注重实现团队目标，自我意识强，沟通不畅 |

## 阅读材料

### 向雁阵学团队管理

大雁团队是排成一字形或人字形来飞翔的。“一字形”队形主要用在风和日丽、没有压力的时候。但天气凉，大雁要飞到南方去，就要讲究效率，要采用“人字形”队形飞。当采用“人字形”队形飞时，领头雁在前面飞翔，它猛烈地扇动翅膀，在翅膀下方形成一个相对真空的环境，这样跟在它后边的一只大雁就会占领这个位置，飞行的阻力就会减小。跟在后边的大雁，相继都会借助到同样的力量。这样一来，前面的大雁给后面的大雁营造了一种环境，使得它们在飞翔过程中要克服的阻力比原来单飞的时候小得多。每只大雁都借助到前面的大雁的力量，唯独领头雁没有。但是，在雁阵中，领头雁是交换的。这也就意味着在这个团队中，每一只大雁都借助到了前一只大雁的力量。科学家利用风动实验发现，当雁阵成群往前飞的时候，其速度是单只大雁飞行速度的 1.71 倍。

## 第二节 团队精神

一只蚂蚁拖不动比它体积大许多倍的食物，但几只、几百只蚂蚁联合起来就能拖得动，这就是团队精神的胜利。

### 一、何为团队精神

团队精神是指团队成员为了团队的利益与目标而相互协作的作风。团队成员互相帮助和鼓励，每个人都能贡献出自己独特的技能，团队的一致性和认同感激励着团队成员为实现共同的目标而努力奋斗。团队精神要求团队有统一的奋斗目标和价值观，而且团队成员相互信赖，需要适度的引导和协调，需要正确而统一的企业文化理念的传递和灌输。团队精神强调的是团队内部成员间的合作态度，为了一个统一的目标，成员自觉地认同肩负的责任，并愿意为此目标共同奉献。

团队精神是一个组织具有的共同价值观和道德理念在企业文化上的反映。团队精神是企业的灵魂。一个群体不能形成团队，就是一盘散沙；一个团队没有共同的价值观，就不会有统一意志、统一行动，当然也就不会有战斗力；一家企业没有灵魂，就不会具有生命的活力。团队精神是大局意识、协作精神和服务精神的集中体现，核心是协同合作，反映的是个体利益和整体利益的统一，进而保证组织的高效率运转。通俗来讲，团队精神就是成员为了团队的利益和目标而相互协作、尽心尽力地完成目标。那么，团队精神的精髓是什么呢？如图 5—2 所示。

**1. 团队凝聚力**

团队的凝聚力是针对团队和成员之间的关系而言的，指团队对成员的吸引

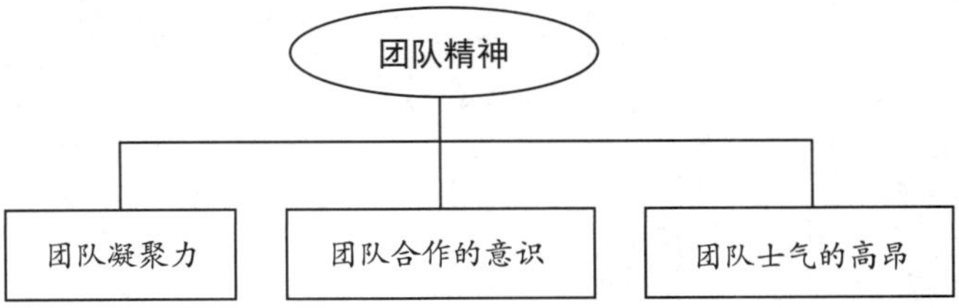


图 5—2　团队精神的精髓

力、成员对团队的向心力，以及团队成员之间的相互吸引。团队精神表现为团队强烈的归属感和一体性，每名团队成员都能强烈感受到自己是团队当中的一分子，把个人工作和团队目标联系在一起，对团队表现出一种忠诚，对团队的业绩表现出一种荣誉感，对团队的成功表现出一种骄傲，对团队的困难表现出一种忧虑。当个人目标和团队目标一致的时候，团队凝聚力才能更深刻地体现出来。

**2. 团队合作的意识**

团队成员间相互依存、同舟共济、互敬互重、礼貌谦逊；他们彼此宽容，尊重个性的差异；彼此间相互信任，待人真诚、遵守承诺；相互帮助、互相关怀，大家共同提高；利益和成就共享，责任共担。良好的合作氛围是高绩效团队的基础。

**3. 团队士气的高昂**

团队士气的高昂是从团队成员对团队事务的态度上体现出来的，表现为团队成员对团队事务的尽心尽力及全方位投入。团队士气作为团队存在和发展的重要动力之一，是提高团队工作效率的重要因素。一个士气高昂的团队中，团队成员必然承认团队的存在价值，并且有维护团队继续存在与发展的意向。

## 测试 9

### 你具备团队精神吗？

以下测试能帮助你检查自己是否具有团队精神。以下每一项都陈述了一种团队行为，请根据你作为小组成员做出这种行为的频率作出选择。

1. 我（提供信息和观点者）提供事实和表达自己的观点、意见、感受和信息以帮助小组讨论。(　　)

A. 总是这样　　B. 经常这样　　C. 有时这样

D. 很少这样　　E. 从不这样

2. 我（寻求信息和观点者）从其他小组成员那里征求事实、信息、观点、意见和感受以帮助小组讨论。(　　)

A. 总是这样　　B. 经常这样　　C. 有时这样

D. 很少这样　　E. 从不这样

3. 我（方向和角色定义者）提出小组后面的工作计划，并提醒大家注意需要完成的任务，以此把握小组的方向。我向不同的小组成员分配不同的责任。(　　)

A. 总是这样　　B. 经常这样　　C. 有时这样

D. 很少这样　　E. 从不这样

4. 我（总结者）集中小组成员所提出的相关观点和建议，并总结、复述小组所讨论的主要论点。(　　)

A. 总是这样　　B. 经常这样　　C. 有时这样

D. 很少这样　　E. 从不这样

5. 我（鼓舞者）带给小组活力，鼓励小组成员努力工作以实现我们的目标。(　　)

A. 总是这样　　B. 经常这样　　C. 有时这样

D. 很少这样　　E. 从不这样

6. 我（理解情况检查者）要求他人对小组的讨论内容进行总结，以确保他们理解小组决策并了解小组正在讨论的材料。(　　)

A. 总是这样　　B. 经常这样　　C. 有时这样

D. 很少这样　　E. 从不这样

7. 我（参与鼓励者）热情鼓励所有小组成员参与，愿意听取他们的观点，让他们知道我珍视他们对群体的贡献。（　　）

A. 总是这样　　B. 经常这样　　C. 有时这样

D. 很少这样　　E. 从不这样

8. 我（促进交流者）利用良好的沟通技巧帮助小组成员交流，以保证每名小组成员明白他人的发言。（　　）

A. 总是这样　　B. 经常这样　　C. 有时这样

D. 很少这样　　E. 从不这样

9. 我（释放压力者）会讲笑话，并会建议以有趣的方式工作，借以减轻小组中的紧张感，并增加大家一同工作的乐趣。（　　）

A. 总是这样　　B. 经常这样　　C. 有时这样

D. 很少这样　　E. 从不这样

10. 我（进程观察者）观察小组的工作方式，利用我的观察去帮助大家讨论小组如何更好地工作。（　　）

A. 总是这样　　B. 经常这样　　C. 有时这样

D. 很少这样　　E. 从不这样

11. 我（人际问题解决者）促成有分歧的小组成员进行公开讨论，以协调思想，增进小组凝聚力。当成员们似乎不能直接解决冲突时，我会进行调停。（　　）

A. 总是这样　　B. 经常这样　　C. 有时这样

D. 很少这样　　E. 从不这样

12. 我（支持者与表扬者）向其他成员表达支持、接受和喜爱，当其他成员在小组中表现出建设性行为时，我给予适当的赞扬。（　　）

A. 总是这样　　B. 经常这样　　C. 有时这样

D. 很少这样　　　　　　E. 从不这样

注：扫描封底二维码，查看测试结果分析。

## 二、如何培养团队精神

从本质上说，团队精神的核心就是协同合作。协同合作是任何一个团队不可或缺的精髓，是建立在相互信任基础上的无私奉献，团队成员因此而互帮互助。那么，如何培养团队精神呢？如图 5—3 所示，可从四个方面着手。

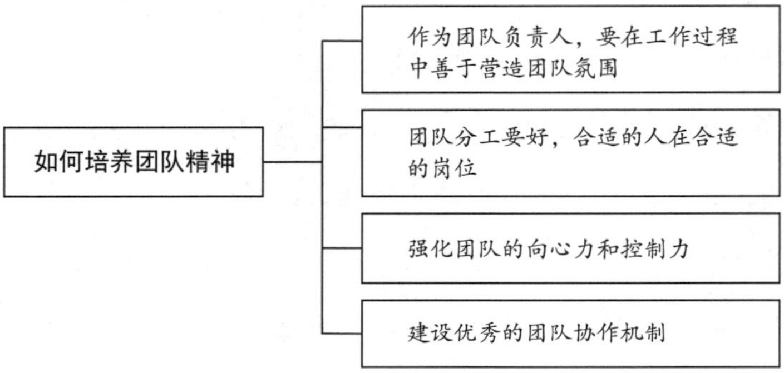


图 5—3　如何培养团队精神

第一，团队负责人要在工作过程中善于营造团队氛围。提倡、鼓励和强化每个人的团队精神，教导成员关注团队目标，努力去完成团队目标，防止个人主义思想蔓延。

第二，团队分工要合理，保证合适的人被分配在合适的岗位。比如，木桶的某位置应该站一个足够胖的人，才能使木桶“密不透水”、不留缝隙，可是如果安排一个骨瘦如柴的人站在那里，那么，即使他再高也不管用。

第三，强化团队的向心力和控制力。充分发挥领导者的影响力，有意识地强化领导的核心作用，使团队成员自觉、主动地团结在领导周围，跟紧领导的步调，形成向心力。团队管理只有影响力是不够的。虽然每名成员都“向心”，但由于连接得不紧，成员之间出现了缝隙，“水”也会渗出。因此，团队领导者必须加强控制，规范各项流程与制度，强化考核与激励，确保团队成员能紧密地结合在一起（这是“由外而内”的控制力量）。

第四，建立优秀的团队协作机制。强化团队的协同作战与互相支持。比如，建立团队的分享机制，使不同成员积累的经验能成为团队共同的财富；促进团队成员的沟通交流，建立内部竞争机制；要建立健全竞争机制，使每名成员在竞争中努力提高自己的工作绩效。

## 案例

### 跟李云龙学带团队

《亮剑》里的李云龙很会带团队。他的队伍有战斗素质，像狼一样，所向披靡。拿破仑说过，一头狮子带领的一群羊能战胜一头羊带领的一群狮子。而李云龙的团队是一头狮子带领的一群狼，你说厉害不厉害？李云龙的团队管理能力给我们带来了诸多启发。那么，我们如何打造一支李云龙式的高效团队呢？

**一、作风硬、性格强——形成领导力**

李云龙强悍的性格是我们最值得学习的地方。要发扬“亮剑精神”必须具备李云龙的性格和气质，学习他在强敌面前敢于“亮剑”的勇气。只有性格强悍的领导，才能带出强悍的队伍。企业工作要创新、要出彩，企业领导必须具备勇往直前、争强好胜的性格。坚强的领导力可以使散沙成顽石、锈铁成利剑。企业领导先拔剑，形成“亮剑”的中坚力量，成为团队“亮剑”的急先锋，这样企业工作才能真正“亮剑”。

**二、脑子活、点子多——形成创造力**

面对不同的战争形势，李云龙总能沉着对待、冷静处理，创造性地运用各种办法，克敌制胜。“亮剑”不但要勇，而且还要有智。企业领导只有“脑子活、点子多”，工作才能取得突破和创新。企业领导和员工朝夕相处，对企业的

"战场地形"更为了解，只要"点子多"，办法就比困难多，许多工作只要换思路、善创新，问题就能迎刃而解。

**三、做得正、行得端——形成感召力**

李云龙的性格和气质就像一块磁铁，使团队成为一把战无不胜的"利剑"。新婚之夜的李云龙坚持到前沿查哨，明知是"鸿门宴"仍谈笑风生赴宴，身为师长的他亲自率队偷袭敌营指挥部。企业领导是在中层干部和员工之间摸爬滚打的人，自己的言谈举止影响着每名员工，要带出一支充满战斗力的团队，必须靠自身的品行来感召员工，让员工自发地"亮剑"。企业领导只有做得正、行得端，身先士卒，成为员工的典范，员工才会死心塌地跟着干，形成一呼百应、群起"亮剑"的场面。

**四、感情重、情意深——形成凝聚力**

李云龙是一位既骁勇善战又沉着冷静的英雄，同时还是一位有情有义的血性汉子，他说："我不是铁打的，我也有心，我也有肝，我也有感情。"为替妻子报仇，他调动上万人的部队攻打逃进平安县城的山本特工队；为替魏和尚报仇，他一刀劈了已经接受改编的土匪头目；他和赵刚深厚的友情更是像铁一样硬。只有建立在深厚"感情"基础之上的团队才能无坚不摧、攻无不克。感情是团队的"凝固剂"，更是广大员工合力"亮剑"的精神基础。团队建设就是"感情"建设，需要人与人的沟通、人与人的关爱、人与人的体恤。

**五、练得狠、用人明——形成战斗力**

李云龙训练出了一支敢于亮剑、勇于亮剑、善于亮剑的部队。他要求队伍以实战的状态训练，受伤总比丢了性命好。为了选拔出优秀的士兵，杀猪炖肉开展比武大赛，"有本事的吃肉，有能耐的带兵"。效果很好，张大彪带出了一支出色的大刀队，孙德胜带出了一个不怕死的骑兵营，一个优秀投弹手带出了一群让日军某大队全军覆没的投弹队。所以，"亮剑"精神不但要在工作中体现，也要在员工训练中展现出来，形成浓厚的"比、学、赶、超、控"氛围。

通过训练提升员工的进取意识、责任意识、主动意识，形成力争上游、锐意进取的“亮剑”作风；提高员工的业务技能、管理知识、操作技术，只有练出好“身体”，才能在工作中更好地“亮剑”。

**六、重制度、勇进取——形成执行力**

李云龙命令各部队归队，张大彪毫不犹豫地下令放弃缴获物资和俘虏，马上率部队赶回。企业领导是企业执行力的“基石”，是规章制度最终能得到贯彻的“落脚点”，只有做到按制度办事、靠制度管人，才能更好地完成工作。制度的执行力来源于基层的执行，只有“上令下达”，政策才能贯彻、制度才能执行。企业工作要有规章、有制度、有流程。面对内部的阻力，企业领导要去鼓士气，带出“亮剑”的气势。只有大家都严守“制度”这把剑，并有勇气“亮”出自己的剑，和违规的事作斗争，企业经营才能健康有序。

因此，企业管理工作必须“亮剑”，企业领导要有领导力，专业技术人员要有创造力，管理人员要有感召力，团队要有凝聚力，员工要有战斗力，制度要有执行力，而且要做到“众力合一”，加上这股“狭路相逢勇者胜”的“剑气”——“亮剑精神”，企业一定能剑锋所指、所向披靡。

## 第三节　团队管理矩阵

有些时候，企业管理者可能要管理几名、十几名或者几十名员工。面对每一名有着自己独立个性和做事方式的员工，我们该如何用合适的方式来管理呢？一个好的团队当中，团队成员的组成应该是怎样的？什么样的团队结构才更有利于我们实现好的团队成绩和目标？

首先，思考一个有意思的话题。为什么唐僧西天取经只带了三个徒弟？这是一个非常有趣的问题，也是一个会被大多数人忽略的问题。而其中就涉及一个非常经典的团队管理的方法。

看似唐僧只带了三个徒弟，这三个徒弟性格各异，却完美地代表了一个团队里可能出现的成员的三种类型。即使我们管理的是千军万马，其实归根结底，还是在对这三类成员施加管理。

在任何一个团队的成员结构当中，其实存在着一种划分的维度。我们将整个团队的成员从两个维度来划分。第一个维度是所谓的忠诚度，证明团队成员忠诚或者不忠诚；第二个维度是个人能力或者绩效水平维度。通过两个不同的维度，形成了四个不同的象限，这四个不同的象限就代表了四种不同类型的员工的状态，如图 5—4 所示。

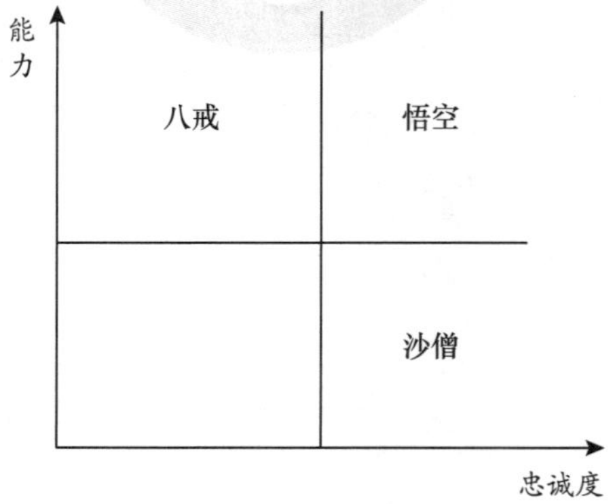

图 5—4　团队结构矩阵举例

第一种员工：能力很强，对公司和团队也非常忠诚。这种人其实就是孙悟空的角色。虽然在早期孙悟空对取经这件事情比较抗拒，但后期他对这件事情是完全忠诚和认同的。孙悟空的能力也是毋庸置疑的。所以，在这个取经团队当中，孙悟空既有很好的能力，同时又是一名非常忠诚的团队成员。作为一名领导，请你思考一下，在你的团队成员当中有没有这样的角色，又有多少这样的角色。

第二类员工：能力很强，但忠诚度有限。无疑这种类型就是八戒的角色了。八戒具备一定的能力，但是对于西天取经这件事的忠诚度要大打折扣。只要一有机会，他的第一反应就是怎么样回到高老庄。对于这种员工，他的能力是你需要的，你需要通过他的能力来实现团队的绩效，但是他的忠诚度你是没有办法依赖的。那么，请你再思考一下，在你的团队当中有没有这种类型的成员？

第三类员工：忠诚度可嘉，但能力有限。这种类型就是沙僧的角色。沙僧对师傅和西天取经这件事情是绝对忠诚的，但是沙僧的能力却是非常有限的。

这样的角色在团队当中也一定会存在。

在这四个象限中，我们还看到了另外一个象限，就是这个人能力一般，同时他的忠诚度也很有限，这样的人一般在团队当中生存空间非常小。

唐僧的三个徒弟，每一个人都代表了无数的同样类型的员工，而你作为一名团队的领导者或未来的团队领导者，你的团队一定也会是这样一种成员组合。

那么，针对有着不同特点的每一名团队成员，我们应该用什么样的方式来管理他们？看一下唐僧是怎么来解决这个问题的。

首先，对于孙悟空这样高能力且高绩效的员工，因为他们对于事业发展方向和团队的前进方向有着清晰的认知，他们更关注自己的能力体现，所以，团队管理者需要做的一件事情就是给他们足够的空间，他们非常在意领导的信任。就像我们看到孙悟空在三打白骨精的过程中，正是因为师傅对他缺乏信任，所以他回到了花果山。

其次，对于像猪八戒这样忠诚度比较低但能力很强的员工，在领导的内心当中其实是非常抵触的。如果团队管理者缺乏一定的胸怀，这种人就很难在团队中生存。但是，作为一个团队的领导者，你的目标是整个团队未来的方向，所以，对于这样的员工，你也需要使用好或者利用好他们。最好的管理方式是最大限度发挥他们的能力，而发挥他们能力的方式就是制定短期绩效目标。设定一个目标，让他们去完成，待他们完成后，就给予他们相应的激励或者奖励。

但是，对于这样的员工的行为要设定一条红线，不能让他们越过红线，这是他们发挥能力的基础。但同时，在团队中还要积极培养这类员工，努力把他们培养成孙悟空类的人才。其实，孙悟空早期也是一个比较顽劣的角色，但是唐僧通过紧箍咒这种底线的方式，慢慢把他转变成了一种对团队事业有信仰的人。

最后就是，沙僧这种工作兢兢业业，但没有产生很好业绩的员工。我们曾经把这样的人群或者团队里这样一些成员称为“大白兔”。“大白兔”对于企业的价值相对较弱，有些时候如果企业中“大白兔”过多，会对企业或者团队的发展产生负面影响，因为其业绩会让整个团队的文化产生不公平性。

团队中很多表现积极的员工可能因为这些“大白兔”的存在而感觉到这个团队的文化缺乏鼓励和积极向上的精神。所以，对于“大白兔”这种员工，我们需要做的是：第一，给他们更多的能力提升机会，更多的培训甚至是换岗的机会，帮助他们从自己的象限走到孙悟空的象限中。第二，我们要警惕这种员工，如果他们对团队的认同仅限于一种消极的认同，那么我们就要对他们采取一定的措施，这就要求管理者要进行准确的判别。

## 第四节　如何提高团队合作能力

在工作过程中，与他人和谐相处、密切合作是一名优秀员工应具备的素质之一，很多企业都把是否具有团队合作精神作为甄选员工的一项重要标准。一个团队的凝聚力会影响整个团队的工作效率、工作能力，如果没有足够的凝聚力，团队就如同一盘散沙。那么，作为团队的带头人，应该怎样去提高团队的凝聚力和团队合作能力呢？

### 一、创建建设型团队，合理利用冲突

在团队组织中，冲突是不可避免的，团队的管理者不应逃避冲突，而应分析冲突，分清冲突的性质，化解冲突。冲突分为良性冲突和恶性冲突。良性冲突可以激发成员的创造性，有助于各成员之间沟通感情；恶性冲突会使团队走向分离，使团队变成一盘散沙。

## 二、提高团队成员的素质

团队中成员的素质差距过大会导致成员之间沟通有障碍，降低合作质量，影响团队的凝聚力，因此，在日常工作中要时刻注意提高团队成员的素质，同时让各成员认识到自己在团队中的重要性，促使他们为了共同的目标而奋斗。另外，管理者还要根据每名成员的能力将其安排到合适的岗位，使团队合作关系更加协调。

## 三、尊重成员个人利益

团队合作的本质是以人为本，而不是牺牲某个或某些成员的利益来满足整体利益。对于一个团队来说，损害成员个人利益只会使团队利益遭受更大的损失，这会造成成员在思想和心理上的不平衡。如果总是维护整体的利益，那么，在产生个体之间的冲突时，就难免会产生借维护整体利益去损害其他个体利益的事情。

### 阅读材料

### 团队合作的关键

大家都听过三个和尚的故事。当庙里有一个和尚时，他一切自己做主，做得很自在；当庙里有两个和尚时，他们通过协商可以自觉地进行分工合作，同样做得不错；可当庙里来了第三个和尚时，问题就出现了，谁也不服谁，谁也不愿意干，其结果就是大家都没水喝。

这则故事中最有意思的地方在于，同样都是需要沟通与协调，为什么在两个人的时候能够达成一致，而在三个人或者更多人的时候就乱套了呢？难道仅仅是因为人数的增加导致意见不一致吗？应该说，这个牵涉到团队合作中的三个基本因素，即分工、合作以及监督。一个人和两个人的时候，这三个因素都比较容易满足条件，因此不容易出问题。而一旦超过三个人，这些因素就马上会凸显出矛盾。而为了解决这些矛盾，只有追根溯源将三要素理清。

1. 分工

如果是一项单人就可以胜任的工作，管理者一般会指派给专人负责。个人独立工作并无分工的问题。而在同伴（两人）协作中，彼此间可以通过平等的协商和沟通对工作量和工作内容进行有效的分配。而在一个较大的团队中，由于成员人数较多，因此在工作量与工作内容的分配问题上，显然难以通过彼此的平等协商和沟通而得出一个有效并令众人都满意的方案。即使管理者可以进行安排与协调，但如何安排与协调则体现出团队管理者能否有效组织团队合作。

2. 合作

有分工，就需要合作，即彼此相互配合。在同伴协作中，由于人员构成简单，在彼此合作、协调、沟通的难度上远远低于团队合作。而在一个较大的团队中，由于成员身份背景存在差异，彼此间的人际关系复杂以及对彼此工作的不熟悉等原因，彼此相互合作往往会存在相当大的难度。

3. 监督

监督作为一种协作手段，其存在的主要原因是成本和收益的关系。用西方经济学的概念来解释：任何理性的人都希望以最小的成本来达到最大的收益。反映在一个大的项目团队中，即团队中的所有成员都想花费自己最少的精力来完成既定的任务，而他们节约自己工作成本的方式就是让其他成员承担原本需由自己完成的工作。因此，如果缺乏有效的监督，就会导致所有团队成员都偷工减料，从而使项目彻底失败。这在三个和尚的案例中体现得尤为明显。

在个人独立工作时，一切工作成本都须由自己负担，因而没有让其他人分担的可能。在同伴协作中，彼此可以进行简单有效的互相监督，因而这方面存在问题的可能性也较小。

由此可知，在一个大的项目团队中，建立起良好的团队合作关系至关重要。那么，如何建立？根据团队合作的三要素，显然也必须从分工、合作以及监督三方面入手。这三要素其实就是项目管理中“三个和尚”难题的解决之道。一个拥有共同目标、人人才尽其用、彼此精诚合作、人际关系和睦、对工作高度负责同时又赏罚分明的，具有高度团队合作能力的项目组，其所从事的项目毫无疑问一定是可以成功的。

那么，对比“三个和尚”的失败案例，我们来看一下现实中成功应用团队合作三要素的案例——美国的“海豹突击队”。

由于必须承担特种作战任务，突击队通常都是以小分队的形式来组织行动的。由于人数不多，因此每一个小分队都根据队员的特长进行了最为明确的分工，在具体工作上分为班长、机枪手、通信员、突击手、狙击手、军医以及爆破手。他们都有各自相对独立的职责，如班长负责指挥管理整个小分队，并协调队员间的关系，类似于项目经理；各名队员根据自己的具体工作也承担了相应职责，如通信员担负与总部及友军联系的任务，狙击手则负责狙击对方重要目标，军医是各成员生命的保障。由于分工明确和严格，因此每名队员都必须尽自己最大的努力做好自己的本职工作，否则任何环节的差错都会导致小分队全军覆没。

同时，队员间也必须进行默契的配合，因为只有当他们成为一个完整的团队时，他们才可以完成自己的任务，而将小分队内的任何成员单独抽出来放在敌人面前都会显得孤立无助。如果将小分队的核心——班长抽出来，显然单凭他一个人是无法完成任务的。而如果脱离了他的领导，小分队也将因为失去领导、管理混乱而成为一盘散沙。

作战时，队员彼此信任，同时也彼此监督。因为他们知道任何不负责任的举动都会使任务泡汤，甚至让自己丧命。而上级的监督则来自宪兵，因为如果单凭自己小分队内部的相互监督，战友的友谊很容易形成一种包庇行为。至于奖励措施，则往往包括职位的升迁、军衔的提升以及荣誉奖章的颁发。而惩罚的措施则来自军事法庭，叛徒或逃兵往往会被判处极刑。

这个成功的案例说明个人的力量终究是有限的，团队合作才是项目成功的力量源泉。

## 职业活动训练

1. 如果你已经成为企业的一名项目主管，现在由你负责管理一个项目。你的项目团队一共有8个人，在一次会议中因为观点不同产生了对立的两方，双方还进行了激烈的争论，谁都不愿意放弃自己的观点。这个时候，你作为团队的领导该怎样去协调双方的关系？如果他们不能达成共识，你会怎么做？

2. 在你以前的学习和工作经历中，有没有遇到和团队成员意见不合、发生冲突的情况？如果有，应如何解决？

## 思考题

1. 你觉得一名好的团队成员应该是怎样的？

2. 请举例说明在完成一项重要的任务时，你是如何与他人进行有效合作的。

3. 在团队中与他人紧密合作有时特别难，请说说你在这方面遇到的最具有挑战性的事情。

# 第六章
# 适应能力

衡量一个人成功的标志，不是看他登到顶峰的高度，而是看他跌到低谷的反弹力。

——乔治·史密斯·巴顿

## 学习要点

☆ 适应能力的内涵

☆ 逆商与抗压能力的内涵

☆ 如何提高员工的职场适应能力

## 案例

### 通过大数据分宿舍取代不了适应能力

2017 年 9 月，南京大学在新生中试点使用“宿舍匹配系统”，提前摸清部分新生的作息时间、卫生习惯、学习特点、社交偏好，通过大数据来评估新生的相似度，以此为依据为学生排定学号、安排宿舍。这项新措施的推出受到学生们的普遍欢迎，有学生反映，再也不用担心生活节奏不一致了。

用大数据来甄别学生的生活习惯和性格差异，南京大学并不是第一个“吃螃蟹”的，此前就有高校尝试依据年龄或者日常表现来为学生分配不同的寝室。但也有人认为，按照社交偏好和生活习惯来分宿舍，表面上看起来对一些有共同志趣的学生是一种成全，但实际上却是对学生社会化的干预。

任何人对于新环境的适应都需要一定的过程，而这个过程也必然伴有摩擦和冲突。大学宿舍如此，社会更是如此。如果连宿舍关系都搞不好，连室友相处都学不会，又如何融入社会?

当然，从某种程度上讲，学校能够尊重学生自己的选择，也是一种人性化的做法。然而，这种做法也很容易发展成一种溺爱和过度保护。试想，是不是只要有了志同道合的室友，学生就能好好学习？是不是只要性格或者习惯相同，就不会产生摩擦？答案自然是否定的。因为，对于新生来讲，适应新环境和培养更加成熟的人格品质，或许要比期望他人善待自己来得更为理性。更何况，如果在相处一段时间后，室友的表现与自己的预期出现落差，那么给学生带来的心理压力只会更加严重。

一直以来，学生的个性需求和学校的集体利益之间常常会出现一些冲突，但有冲突是好事，尤其是对于宿舍分配这样一个涉及切身利益的问题。学校自然有义务、有责任管理和约束学生，可相较于此，还不如引导学生正确面对差异，学习在发生矛盾纠纷时独立解决问题。

大数据固然很新潮，但人毕竟不是机器，也不是机器完全能分析得了的，所谓人心难猜。学生的很多习惯也是不能穷尽的，比如：志趣相投了，半夜上不上厕所怎么协调；打不打呼噜统一了，可有人磨牙怎么办。而且大学生可塑性很强，一些习惯也是会变的。因此，大数据、推荐算法也只是一种参考而已，不应该对其过分迷信。更重要的是，即便舍友们各方面都合拍，大学四年里可以愉快地玩耍，可他们最终还是要分道扬镳、各奔前程，前方还是有很多性格各异、志趣不同的人要面对，社会不可能用“大数据分这个、分那个”，不可能人人都迁就你。因此，大学生必须培养适应能力、调节能力，磨炼包容心态，学会与不喜欢的人打交道。

适应能力是一个人综合素质的反映，与个人的思想品德、知识技能、创造能力等密切相关。一个适应能力比较强的人能够很快适应新的环境，即使是在比较困难的情况下，也能够变不利因素为有利因素，取得事业上的成功。

## 第一节　认识适应能力

适应能力是个体为适应社会环境而改变自己行为习惯或态度的能力，是个人与社会环境之间的一种和谐状态。良好的社会适应能力是指一个人的外显行为和内在行为都能适应复杂的环境变化，能为他人所理解、为社会所接受，行为符合社会身份，因而能保持正常的人际关系。因此，适应能力对每个人都非常重要。

### 一、何为适应能力

适应能力也称适应力，是指人类适应外界环境从而赖以生存的能力，也就是个体对其周围的自然环境和社会需要做出反应和适应的能力。一般来说，适应能力是指社会适应能力。社会适应能力是指人为了在社会更好生存而进行的心理上、生理上以及行为上的各种适应性的改变，是与社会达到和谐状态的一种执行能力。作为一种社会实践活动，社会适应能力不仅包括个体改变自己以适应环境，也包括个体改变环境使之适合自身的需要。对此，社会适应能力可分为两个层次，一个是内在心理层次，另一个是外在行为层次，如图 6—1 所示。

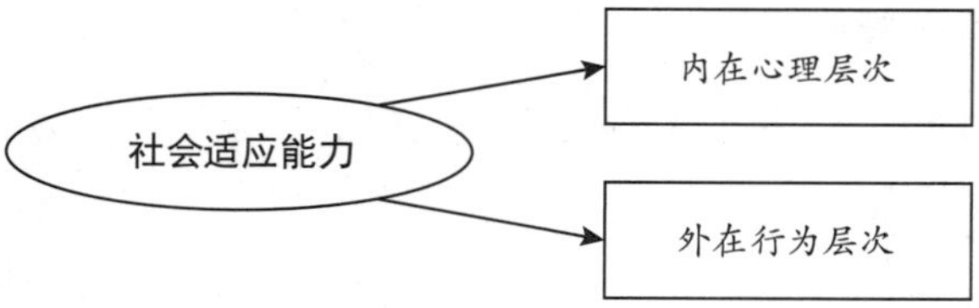


图 6—1　社会适应能力的层次

内在心理层次分为三个方面，即掌握、应对和防御。掌握是指个体以管理社会情境技能的渐渐形成和自主化运用来适应社会，应对是指个体以即时情境下应对策略的选择和运用来适应社会，而防御是指个体以内在情感和本能反应的自然流露来适应社会。从要适应的问题性质上看，掌握是一个预期的准备过程，它不是针对某个具体的情境问题，而是针对将来的一般适应问题，而应对和防御的启动需要某些具体应激的问题情境的刺激。应对是一个短期的过程，而防御是一个瞬间的过程。从个体的意识能动程度来看，掌握有时需要意识能动，有时不需要意志努力，应对则是高度意识能动的过程，而防御则基本上没有意识能动的参与。其实，把掌握、应对、防御区别开来，只具有相对的意义，三个层次完全可以整合到一个完整的适应过程中。

外在行为层次是指个体在现实生活环境中形成的适应各种社会生活领域和内容的技能和习惯。外在行为层次可以分为个人定向的行为层次和社会定向的行为层次。个人定向的行为层次是指与个人生活内容有关的适应活动技能和习惯，包括生活适应、学习适应和职业适应；而社会定向的行为层次是指与社会生活内容有关的社会活动技能和习惯，包括社会环境适应、人际环境适应和应激环境适应。

## 测试 10

### 你的适应能力强吗？

对我们来说，换一个工作环境或者走上新的工作岗位都是一种挑战，考验也刚刚开始。对于适应能力强的人来说，这不算什么，可是对于适应能力差的人来说，则是苦熬！那么你的适应能力有多强呢？

**测试题目**

1. 你朋友很多？

是——2

不是——3

2. 你很喜欢开玩笑？

是——4

不是——3

3. 工作的时候非常认真？

是——5

不是——4

4. 游戏或者娱乐时间并不多？

是——6

不是——5

5. 善于主动跟人交往？

是——7

不是——6

6. 认为自己长了一张大众脸？

是——8

不是——7

7. 压力大的时候会找朋友分担？

是——9

不是——8

8. 有比较强的领导能力？

是——10

不是——9

9. 做事的时候必须集中精力？

是——10

不是——11

10. 你的心事比较多？

是——11

不是——12

11. 看人很准？

是——A

不是——B

12. 能迅速建立一个自己的小团体？

是——C

不是——D

注：扫描封底二维码，查看测试结果分析。

## 二、员工的适应能力

职场中有较强的适应能力，可以让自己不处于被动，可以更积极主动地获取一些新信息，也更能抓住机会。一般来说，具有较强适应能力的员工通常具备以下特点，如图 6—2 所示。

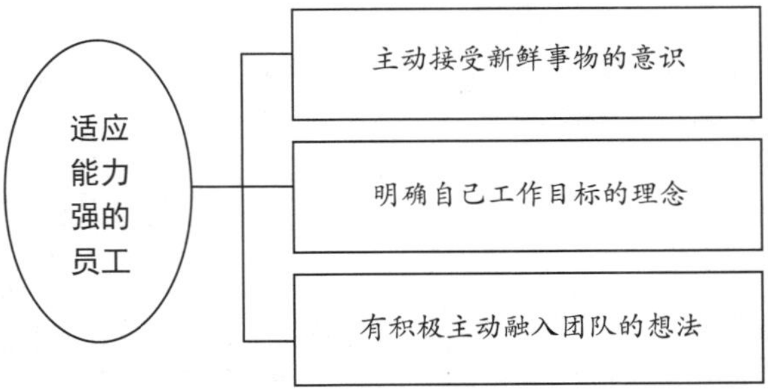


图 6—2　适应能力强的员工的特点

第一，主动接受新鲜事物的意识。在职场中有很多人不愿意去做一些新的事情，因为他们对这些新的事情不了解，都不想争做第一个吃螃蟹的人，而此时恰巧有一个喜欢挑战新鲜事物的人，他积极主动地去做一些事情，在这个过程中是可以不断锻炼自己的思维能力的，如果成功了，对他来说就是一次个人能力提升的过程，领导也会另眼相看。

第二，明确自己工作目标的理念。进入一个新的岗位的时候，开始可能处于对这个岗位认知不清的阶段，要积极主动去探索这个岗位的性质，明确它的定位是什么，通过这个岗位能收获什么，然后再想想各个部门之间的关系，多去思考，才会让自己有所提升，也会让领导看到不一样的你。

第三，有积极主动融入团队的想法。一个团队最重要的是协作和互相帮助，适应能力强的人会积极主动与之前的同事打成一片，可以通过与他们的沟通学习到很多经验，获取更多的信息，然而这个过程中要有很强的洞察力，因为有的人不善于沟通，要是强行去沟通，反而适得其反，所以敏锐度也很重要。

不仅如此，在职场中，员工的适应能力表现在四种适应行为上，即问题解决适应行为、个人学习适应行为、人际文化适应行为和压力管理适应行为，如图 6—3 所示。

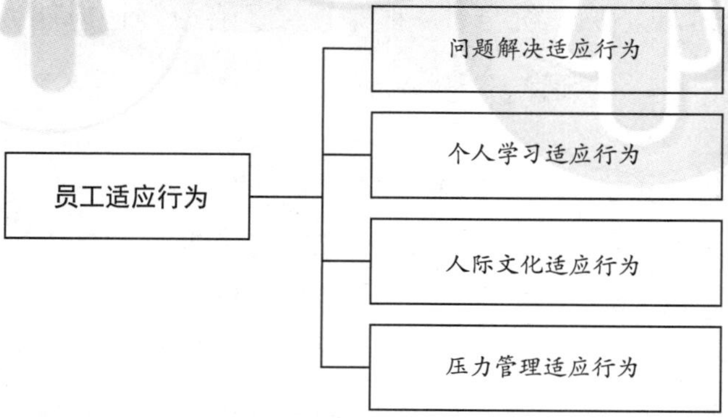


图 6—3　员工的四种适应行为

**1. 问题解决适应行为**

识别员工的适应能力，首先要识别他的问题解决行为，尤其是在不确定的情境下或危机困境中的处事方式和行为模式。

适应能力强的员工在紧急工作情境下能迅速分析问题，想出多种解决问题的方案；面对紧急的工作任务，能想方设法、不打折扣地达成工作目标。适应能力强的员工善于控制自己的情绪，能客观面对问题，化解消极情绪，有序开展工作，能及时调整自己的行为，采取灵活多变的应对措施。

适应能力强的员工在不确定的工作情境下常常表现出色；在全局不明、资料不全的困境里，能抓住问题的关键，有效采取行动；当情况变化时，能迅速调整工作计划和工作思路，积极应对；纵有千头万绪，也能梳理得一清二楚，在不确定中抓住问题的关键，持续改进工作绩效。

**2. 个人学习适应行为**

适应需要学习，学习就是适应。识别员工适应力的另一个重要方面就是看他的个人学习适应行为。

富有适应力的员工具有很强的快速学习能力。当他被委派到新部门、新岗位，面对新任务、新环境时，他能迅速吸纳多方信息，从容驾驭局面。就具体工作而言，他能快速掌握新的知识和技能，提前进入角色。

富有适应力的员工有很强的前瞻性学习能力。他能感悟环境压力对组织持续变革的要求，能预料组织变革给工作带来的挑战。因此，他会基于变革及时储备相关的知识和技能，在变革中游刃有余。富有适应力的员工能顺应变革，是变革的推动者，敢于尝试新的工作思路和方法，提高组织绩效。

**3. 人际文化适应行为**

人际适应是工作适应的一个重要方面，如何与人协作共事，获取同事、客户的认同是衡量人际适应能力的重要指标，尤其是新到某个部门，如何在短时间内建立信任关系，获取同事、下属的认可，至关重要。

适应力强的员工人际文化适应行为表现出以下几个方面的特点：

（1）工作中，善于倾听多方意见，及时调整自己的工作思路和方法。

（2）非常关注各方对自己工作行为的反馈，以开放的心态接受来自内、外客户的负反馈信息，把它作为提高工作水准的契机。

（3）能与各种不同背景、不同个性的人协作共事，灵活调节自己的心态和行为，适应上级、同事的工作风格和客户的服务要求。

适应力强的员工具有很强的人际适应能力，新到一个部门，能快速了解该部门的工作氛围、工作目标和协作方式，主动调整自己的工作行为，积极顺应。

**4. 压力管理适应行为**

适应能力强的员工在工作陷入困境时能积极寻求帮助解决问题的信息，面临多方压力能冷静思考，分析问题的来龙去脉，从容不迫。

适应能力强的员工能坦然面对失败。当工作出现意外、现实与期望落差较大时，能以平常心待之，积极寻找补救措施。当工作遭受挫折时，能提出建设性建议，想办法解决问题，不抱怨他人。

适应能力强的员工工作压力越大，越可能表现出近乎完美的专业水准。面对艰苦的工作任务和环境，其身体很少出现不适应。

## 阅读材料

### 《肖申克的救赎》：关于“适应环境”的哲学思辨

在各种电影评分里，《肖申克的救赎》稳居前列，很多人慕名去看这部电影，看完后觉得好，具体好在哪里，大概就是觉得男主角真厉害，竟然用了不到20年的时间挖成地道，逃出了监狱。剧情的安排、人物的塑造、经典的台词，让人爱上这部电影，但是这部电影所表达的意义远不止于此，它还有更深刻的哲学思辨。

有一句话叫“如果你无法改变环境，就去适应环境”，这句话听起来很对，很符合达尔文的“物竞天择，适者生存”原则，它也被很多人当成人生的信条，但是异想天开地把这种理论套用在《肖申克的救赎》里，就会发现一些有趣的现象。

《肖申克的救赎》里的主人公安迪从没有想过适应环境，他与自己所处的环境抗争，他试图逃离这个环境，还试图改变环境，最后他不仅改变了环境，还成功地逃出监狱。

电影里一个令人印象深刻的配角老布，他适应了监狱生活，可被假释后的老布并没有活得更好，反而选择了轻生。有人说老布还是适应不了环境，如果可以适应监狱外的社会，就不会选择轻生了。但是，需要注意的是，一个人，即使有再强的适应能力，几十年潜移默化形成的习惯也会让他很难马上适应另一种环境，不管环境由好变坏，还是由坏变好，都是如此，所以老布根本无法立刻从监狱的生活模式转换到正常社会的生活模式中来。

再比如，瑞德被假释后在超市里当营业员，想上厕所时向收银员报告，收银员对他说不用报告，但没有报告就上厕所的瑞德却一滴尿都挤不出来，可见适应一种环境后，再想适应其他环境有多难，瑞德适应不了社会的普通生活，他理解老布为何会轻生，甚至他也有了轻生的念头，好在他和安迪有个约定，于是他就去找了安迪，是安迪救赎了瑞德。

可见，瑞德和老布都是无法适应环境的受害者，那环境究竟要不要去适应呢？如果适应了某种环境而适应不了另一种环境，那此时的环境还应该去适应吗？答案是不应该完全适应，而应该勉强适应，这种对环境适应的衡量应由你的气质决定。每个人都有自己的才能和价值，如果你的才能和价值放在一个不良的环境里，就会被那种环境埋没消磨，如果你强制自己适应那样的环境，最后不仅会迷失自己，还会适应不了属于自己的环境。在与自身价值不符合的环境中生存，要学会时刻审视自己，即使不能马上离开，也要积蓄力量跳出这个地方，就像安迪一样，时刻准备离开监狱。

## 第二节　逆商管理

为什么在智商、情商、机遇、大环境都差不多的情况下，有的人能够稳步前进，活得越来越精彩，而有的人却总是失败呢？美国著名学者、白宫知名商业顾问保罗·斯托兹给我们提供了答案。他说：“归根到底在于他们迎接挑战、克服困难的能力，即逆商的不同。”

### 一、何为逆商（AQ）

保罗·斯托兹在其个人著作《逆境智商：将障碍化为机会》中首次提出“逆商”这个概念，并认为，逆商即“逆境情商”，英文为 Adversity Quotient

（AQ），它是指人们面对逆境时的反应方式，即面对挫折、摆脱困境和超越困难的能力。逆商主要是用来表示挫折承受力的一种指标，反映的是一个人面对逆境、挫折时的心理状态和应变能力，是衡量个人在社会生活中忍受逆境、战胜逆境的素质标准。保罗·斯托兹认为，一个人AQ越高，越能以弹性的思维与情感来面对逆境，积极乐观，不畏惧困难的挑战，通常能在不受逆境干扰的情况下正常甚至是超常发挥，找出问题的解决方案，即使受挫也会越挫越勇，不屈不挠，最终成就卓越。相反，AQ低的人，在顺境中表现优异，但是遇到逆境即感到沮丧、迷失，处处抱怨，逃避挑战，缺乏创意，往往半途而废、自暴自弃、发挥失常（见表6—1）。

表6—1　　高AQ者VS低AQ者

| 面对挫折 | 第一反应 | 心理机制 | 结果 |
|---|---|---|---|
| 高AQ者 | 挫折即挑战，会更加兴奋和投入 | 应战机制，往往越挫越勇，挫折会越发激发和调动自己的资源和能量 | 化解并超越挫折 |
| 低AQ者 | 视挫折为无法跨越的鸿沟，产生极大的挫折感 | 应付机制，即种种消极的心理预防机制 | 回避或逃离挫折 |

逆商是人们面对逆境，在逆境中成长能力的商数，用来测量每个人面对逆境时的应变和适应能力的大小。一般来说，逆商有三层含义：第一，它是个人获得成功和增强成功可能性的一个重要因素；第二，它是一个量度，显示个人在面对挫折时的反应程度，它将人的抗挫折能力量化；第三，逆商是一个科学的、有大量实践依据的工具，帮助个人提高自身对挫折的应对能力。

根据保罗·斯托兹的研究，低AQ的人遇到困境时会感到沮丧迷失，处处抱怨，逃避挑战，并且缺乏创意；而高AQ的人则相反，以弹性面对逆境，积极乐观，接受困难的挑战，发挥创造力，找出解决方案。如果你过分关注环境的困难和别人的过错，经常发出“我为什么那么倒霉”的感叹，结果往往越想越苦闷，手上的事情也往往会被卡死在这个情绪状态上。

## 测试 11

### 你会选择哪种捕鱼方式？

假如让你在一座与世隔绝的孤岛上生活很长时间，你的食物只有鱼，你可以任意选择一种捕鱼的方式，那么你会怎么选择呢？

A. 用渔网捕鱼

B. 用各种陷阱捕鱼

C. 用鱼竿钓鱼

D. 用鱼叉捕鱼

注：扫描封底二维码，查看测试结果分析。

## 二、逆商的四大维度

保罗·斯托兹将逆商划分为四个维度，即控制力（Control）、责任力（Ownership）、影响力（Reach）、持续力（Endurance），如图 6—4 所示。

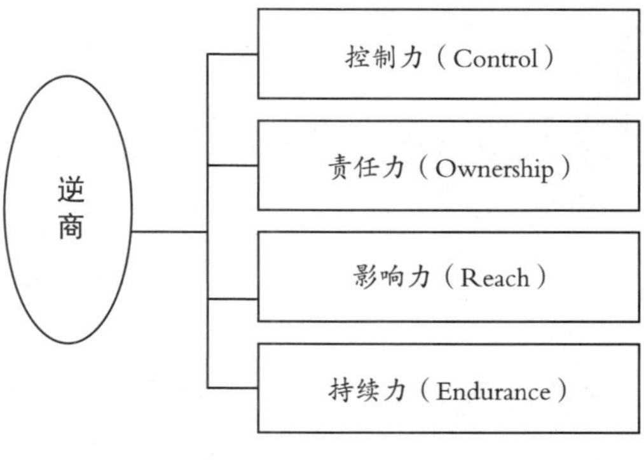

图 6—4　逆商的四大维度

第一，控制力（Control）。控制力是指个体对周围环境的掌控能力。面对外界刺激的时候，环境掌控力弱的人只会听之信之，无所作为，甚至产生消极的反应；而环境掌控力强的人则会依靠自己的努力，不断改变这一环境。控制力弱的人经常说："我无能为力，我能力不及。"控制力强的人则会说："虽然很难，但这算不得什么，一定会有办法。"

第二，责任力（Ownership）。挫折产生的原因主要分为两类：一是自身的缺陷而造成的挫折，属于主观因素，由此产生出自卑、自责的心理，使得个人沉溺于无法自拔的境地；二是外界的干扰，这是自身无法预测、无法规避的挫折情境，属于客观因素，因此往往会产生畏惧、害怕、逃避的心理。高逆商的人在遇到挫折后会及时找出挫折产生的原因，对症下药，及时化解挫折，从而战胜挫折。

第三，影响力（Reach）。影响力是指在遇到挫折后受挫者的正常生活、工作、学习模式是否会被打破。高逆商的人会将这种挫折的影响程度降至最低，甚至毫无影响，而低逆商的人往往无法控制眼前发生的挫折，自己的正常生活节奏被打乱，并由此产生新的不利境遇。

第四，持续力（Endurance）。如果影响力被纳入空间范围，指的是受挫者受影响的各个层面的话，那么，持续力就是挫折对受挫者产生影响的时间。高逆商的人会在短时间内调整状态，努力改变现实，从而既摆脱了挫折困难，又克服了挫折带来的心理困扰。只有在空间和时间两个层面同时做到克服挫折，才能说具有较高的逆商和抗挫折能力。

## 阅读材料

### 三位超人的逆商指数

李嘉诚90岁退休、霍金76岁去世、李敖83岁病逝的消息传遍了朋友圈，引来无数网友的热议和思考。

一位是企业家，一位是科学家，一位是文人，三位超人用大半个世纪的时间创造了其他人一生都难以企及的传奇。而看看他们的人生，我们会发现他们有一个共同点，那就是在逆境中为自己的理想不屈地努力。

这种逆商指数是一个人取得成功和幸福最重要的因子。

李嘉诚不到15岁就失去了父亲，自己还得了肺病，不得不挑起照顾一家老小的重担，但他始终坚信自己一定能让家人过上好生活，终成香港商界标志性的人物。

霍金21岁不幸全身瘫痪，不能言语，终生都在与病魔作斗争，但仍笔耕不辍，探寻科学的真谛，成为伟大的天文学家、物理学家。

李敖蹲过两次共7年的监狱，有过6段曲折婚恋，多次被媒体封杀，但他从不屈服，最终成为在中国家喻户晓的作家和时事批评家。

正是摆脱苦难和超越困境的超高逆商，让他们能气定神闲地活出自己的精彩人生。

## 第三节　职场中的抗压能力

职场中总会遇到很多的压力和困难，要使自己能够轻松地面对困难，就要学会不断地强大自己的内心，也就是我们常说的抗压能力。

### 一、何为抗压能力

抗压能力又称抗挫折能力，简称抗挫力。抗压能力指的是个体在遭遇挫折时摆脱困境，避免自己心理与行为失常的耐受能力。有的人抗压能力强，而有的人抗压能力弱。如果说挫折是对人们的一种磨炼，那么抗压能力就是人们面对外界压力与挫折时的抵抗能力，是个体适应挫折、抵抗和应付挫折的能力。当个体遇到挫折并做出一系列的反应时，会经历如图6—5所示的四个环节：挫折认知、挫折环境、挫折感受和挫折反应。

#### 1. 挫折认知

在挫折发生时，每个人对挫折大小、程度、影响范围都有一个初步判断。

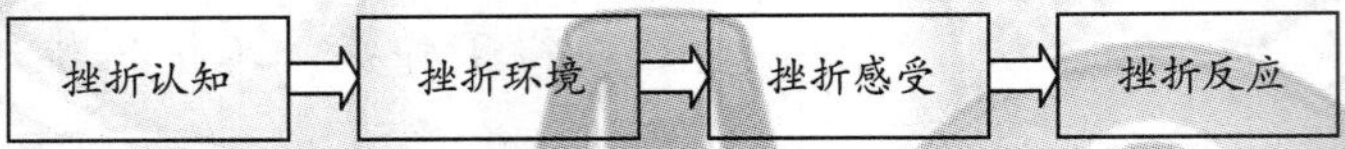


图 6—5　挫折反应过程

认知过程可分为两种情况：一是感性判断，即人在受到挫折时产生的真实感受；二是理性判断，即人在即将或有可能受到挫折时的提前判断，并不是真实发生的。两种对挫折的判断都是主观因素，也是影响人对挫折反应的重要环节。

**2. 挫折环境**

挫折环境是使个体无法完成预期目标的障碍、干扰环境的总和，包含挫折源和其他干预条件。挫折环境是挫折的源头，挫折环境的情况直接影响个体的挫折反应和抗压能力。恶劣的挫折环境极易促使人产生悲观的挫折感受和消极的挫折反应，从而导致严重的后果。

**3. 挫折感受**

受挫者在感受到挫折的时候往往会产生蔑视、抵触、恐惧等心理变化。这种变化是在挫折认知之后发生的，抗压能力强的人会在发现挫折后正确看待挫折，从而做出正确的挫折反应，而抗压能力弱的人往往会一直消沉下去，无法自拔。

**4. 挫折反应**

挫折反应是指个体在受到挫折后产生的愤怒、畏惧、逃避等一系列外显行为。挫折反应有强烈和柔缓之分。提高抗压能力，一是要摆脱困境，二是要克服受挫心理。具体表现就是克服消极的、强烈的挫折反应，面对挫折时正确对待挫折，采取积极的、正面的解决办法。

## 二、来自职场的五大压力

一般来说，职场压力主要来自五大方面，如图 6—6 所示。

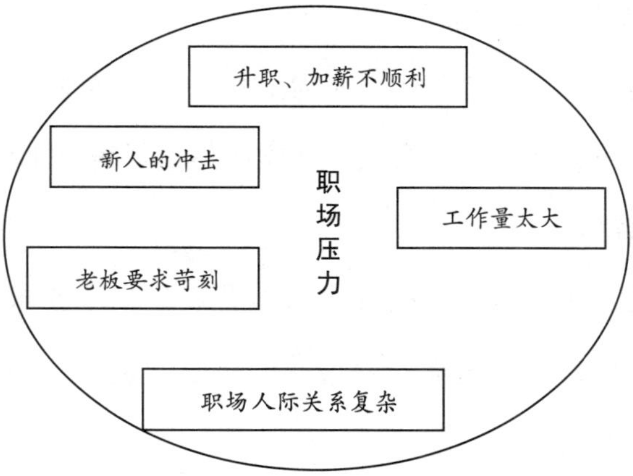


图 6—6 职场的五种压力

### 1. 新人的冲击

随着社会的快速发展，新人的大量涌入，职场人士的职业压力也越来越大，新人不但年轻、精力旺盛，有工作动力，而且往往拥有更高的学历，掌握更新的工作技能，能够更有效地解决新问题，他们的到来很可能会给老员工带来很大的职场压力。

### 2. 升职、加薪不顺利

在某项调查中，升职、加薪不顺利被看作最大的职场压力，超过六成的被调查人员认同这一观点。这也是引发员工跳槽的最重要原因。一份调查显示，有 28. 4%的人通过跳槽薪资增长了 10%~30%；薪资涨幅 30%~50%的也不在少数，约占整个调查人数的 25. 18%；薪资涨幅达到 50%及以上的比例也有 19%。这组数据中值得注意的是，总计有超过 75%的人在跳槽后薪资有或多或少的增长，只有 11. 69%的人跳槽后并未获得薪资的增长，反而是下跌了。

### 3. 工作量太大

现在，很多企业老板都是事业偏执狂，职业经理人往往都是业绩偏执狂，每天的工作量在欲望的压迫下不断地层层加码，不少人都背负着不堪重负的目标、计划和指标。据统计，认为这一压力很大的职场人士比例为 38. 4%。

**4. 职场人际关系复杂**

有人的地方就有“江湖”，有的人为上位，有的人为保位，自然会斗来斗去。在这个意义上讲，在职场学会做人比学会做事显得更重要。

**5. 老板要求苛刻**

身为偏执狂的老板，对下属的要求自然苛刻，凡事要求完美。细节决定成败，一个细节做不好，员工面临的后果就可能很严重。这种苛刻的工作要求无疑给员工带来了巨大的压力。

## 测试 12

### 抗压能力测试

如果你无法改变职场工作中的压力，那么最好的方法就是提高自身的抗压能力，那么你觉得你的抗压能力好不好呢？请完成以下测试。

**测试题目**

也许你很久没骑自行车了，但不妨想一想，你喜欢或者正在使用的自行车应该是一款（　　）。

A. 轻便型自行车

B. 电动自行车

C. 变速越野车

注：扫描封底二维码，查看测试结果分析。

## 三、如何提升员工的抗压能力

正确对待职场压力，积极提升抗压能力是减轻压力的重要措施。职场压力如同驾驶汽车，初学者精神异常紧张，压力很大；熟练的驾驶者注意力集中，但已不觉紧张，无压力；高山、陡坡、弯路驾驶者习以为常，有压力，能承受；参加赛车的赛车手和拉力赛的驾驶者紧张刺激，苦中有乐。同理，职场中的压力因人而异，同样的压力下不同的员工会有相同的感受，也会有不同的感受。作为职业人，面对职场压力，一定要变压力为动力，消压力于无形，可以从以下几个方面去提升自我抗压能力。

第一，明确价值观和人生定位。压力的大小与价值观和人生定位密切相关。你准备做一个什么样的人？你的人生准备达成哪些目标？这些目标可以说都是对未来的压力。这些看似原本与压力无关的东西其实对我们的影响是十分巨大的，对很多压力的反思最后往往都要归结到这个方面。

第二，树立积极乐观的心态。压力面前，心态尤为可贵。积极乐观的心态有利于化解压力。我们要认识到危机即是转机，遇到困难，产生压力，一方面可能是源于自己能力不足，因此整个问题处理过程就成为增强自己能力、发展成长的重要机会；另一方面，也可能是源于环境或他人的因素，这种情况下可以理性沟通解决，如果无法解决，也可宽恕一切，尽量以正向乐观的态度去面对每一件事。研究表明，一个人常保持积极乐观的心态，处理问题时就会比一般人多出20%的机会得到满意的结果。因此，积极乐观的心态不仅有利于平复由压力带来的紊乱情绪，也有利于将问题导向正面的结果。

第三，科学安排时间，工作分出轻重缓急。任何一位成功的职场人士，在精力和时间的分配上必然会分出轻重缓急，突出重点带动一般，绝不会眉毛胡子一把抓。对于重要而又紧迫的工作，可以先做；对于重要但不紧迫的工作，做出计划，安排时间做；对于紧迫但不重要的工作，根据精力和时间可做可不做；对于不重要又不紧迫的工作，太忙时则可以不做。但无论先做或后做，要做就要做好，保证质量，防止忙中出错或返工重做，造成忙上加忙。

第四，创造轻松活泼的工作环境。职场压力不单是工作多、任务紧，还有一种是人际关系带来的压力，有的人“一进办公室就头痛”“看到某人心里就不舒服”，要减缓这样的压力要从自身做起。要严于律己、宽以待人，与他人有隔阂和矛盾时，先检查自己，及时交谈，消除误会。要懂得单位兴旺，大家受益，单位衰败，大家损失。每个人都有其长也有其短，扬长避短，使同事间、上下级之间始终保持融洽和谐的关系。

第五，工作一定要张弛有度、劳逸结合。任何一个职业人，必须是德智体全面发展的全才，不可能只靠埋头苦干。因此，无论工作多忙、压力多大，也必须安排出运动休闲时间，做到张弛有度、劳逸结合。运动休闲既可以转移大脑的兴奋灶，又能使体内产生更多的内啡肽，使人有一种轻松愉悦的感觉。当你压力过大、难以解脱的时候，可以找个安静的环境，静思自己的成绩和进步，展望未来，设计今后的努力方向和目标。用成就激励自己，用未来焕发激情，使自己重新燃起希望之火。

第六，提升能力，疏解压力。既然压力的来源是自身对事物的不熟悉、不确定感，或是对于目标的达成感到力不从心，那么，疏解压力最直接有效的方法便是去了解、掌握状况，并且设法提升自身的能力。通过自学、参加培训等途径，一旦“会了”“熟了”“清楚了”，压力自然就会减轻、消除，可见有压力并不是一件可怕的事。逃避之所以不能疏解压力，是因为本身的能力并未提升，这使得既有的压力依旧存在，强度也未减弱。

## 第四节　如何提高职场适应能力

### 一、职场适应能力的心态

职业人在努力提高自己工作技能的同时，也要学会调整自己的心态，提高职场的适应能力，保持积极的心态，明确努力的目标，采取积极主动的行为，才可能造就职业的辉煌。

1. 保持谦虚的心态

在职场中，需要尽快学会与人合作、沟通，不宜太张扬，以免引起大家反感。同时，职场新兵对上司应尊重、磨合，对同事多支持、学习。不管你认为上司和同事有多少缺点，作为刚到企业的职场新人，都应谦虚一点，不要急功近利，多了解企业的文化和管理风格，多观察和学习，少说多干，做到谦虚、忍耐，虚心请教上司和同事，提高自己的能力，以谋求更好的发展。

2. 练就积极和乐观的心态

同一件事，用悲观还是乐观的心态去看待，结果截然相反。职场新兵一般从事基层工作，属于“蓝领”阶层，与他们想当“灰领”甚至“白领”的期望和理想有很大的落差，他们认为自己整天都在打杂、碌碌无为，而且谁都可以支使他们，觉得在公司受到了不公平待遇。其实，如果大家都愿意派活给职场新兵，他们就有很多的学习和锻炼自己的机会，同时，也有了更多的表现自己才华和能力的机会。职场人应谨记，当很多工作不再派给你、你的担子越来越轻时，这是一个危险的信号，因为“忙”是好事情，当你不忙的时候，公司或部门裁员时首先想到的可能就是你。

3. 平凡工作中的激情，压力下的崛起

谈到压力，富士康公司总裁郭台铭有一句名言：“当你感到有压力的时候，说明你的能力不够。”对待压力最好的办法就是尽快熟悉业务，在工作中摸索窍门，积累经验，积极为职位提升和下一份工作做准备，在平凡、枯燥的工作中寻找乐趣，努力创新，练就应该具备的职业技能、核心竞争力，不断学习，提升自我。

4. 理性面对工作初期的枯燥、乏味

很多职场新人在进入企业后，用学生的眼光看待企业，对企业现状不满，接受不了企业的“规矩”，没有耐心去适应企业。其实，每家企业都有优势和劣势，最重要的是学会适应新的环境，快速融入企业，在和企业相互深入了解后找到自己合适的位置。

## 案例

### 创业者可怕的不是失败，而是放弃

在最后一刻，他决定推出最后一个项目，如果这个项目再不成功，那么他就解散团队。可就是这最后一个项目，使整个团队起死回生，而他推出的这个项目就是广受好评的手机应用“唱吧”，他就是“唱吧”的创始人陈华。

虽然只是一款手机应用软件，可是它却在推出后的第五天，在没有任何推荐的情况下，就成为苹果 Appstore 里下载量第一的手机应用软件。“唱吧”逐渐成为很多人手机里必备的软件之一。同时，已有风险投资者愿意为这款“还未找到合适的营利渠道，并且近期不打算营利”的软件掏出近千万美元。

更让许多人没有想到的是，“唱吧”在5个月内即吸引了近百万用户，而且如韩红、宋丹丹等这样的明星也时常会跑到“唱吧”上“小露一手”。

当初，陈华从阿里巴巴辞职后，开始自己创业，寻找一个“靠谱”的产品方向。

很快陈华就定位于做电商，在整个团队的努力下，两个月后陈华推出了导购促销网站“最淘网”，可是“最淘网”的发展并没有达到预期效果，最后在苦苦坚持了几个月后依然没有任何起色，陈华只好放弃了。

在放弃“最淘网”后，陈华的团队陷入了一个创业的怪圈，只要有人提出一个创业计划，马上就会有好几个同事出来否定这个计划，几个月下来，一个创业计划都没有通过。就在团队计划解散的时候，陈华提出了最后一个项目——做一款普通人唱歌的 KTV 软件。陈华向团队介绍道，现在 KTV 的兴起就满足了很多人唱歌的需要，为什么不能开发一款手机上类似的软件呢？

尽管陈华的设想很好，可还是遭到了同事们的反对，最后在几个方案里，勉强通过了陈华的方案，做一款KTV唱歌软件。为此，工程师翻阅了很多关于声音的理论书籍，并专程跑到唱片公司去请教。

因为是团队的最后一个项目，因此整个团队都付出了全部的努力，让陈华没有想到的是，“唱吧”刚一上线就得到了众多网友的欢迎，下载量更是高居第一，这远远超出了陈华和同事们的预想。

有记者问陈华，为什么能够在那么多的项目失败后仍坚持下来？陈华说道：“只要坚持就会有成功的一天，对创业来说，可怕的不是失败，而是放弃。”

## 二、在职场中如何锻炼适应能力

适应能力主要有以下四大表现。

表现1：能够意识到要改变自己的行为，如改变自己讲话的方式等。在不同的公司中，员工用的词完全是不一样的，而且是一个固定用法，在开会的时候，如果你还是用以前的语言，你就能清晰地感觉到同事不把你当作自己人。

表现2：我们在不影响别人的时候，在尝试融入团队的时候，要观察别人的反应，然后做出调整。观察别人愿不愿意和你谈下去，是不是在转换话题。当有活动的时候是否愿意招呼你一起去，一起吃个午饭，一起喝咖啡，一起去唱歌等。当发现自己并没有真正融入时，要调整和改变自己。有的人，虽然也愿意改变自己，但是在改变自己后，又觉得自己好像做了很大的牺牲，这种也是适应能力不强的一种表现。

表现3：对于个人着装上要求的变化敏感，能够改变自己。比如，很多大学生在刚毕业的时候去面试，都穿着西装、打着领带，但他们发现公司员工都不是这样穿着的。于是，第一天来上班的时候很多人已经换上了和公司大多数人差不多的服装。然而，也有人依然还是穿着西装、打着领带，显得很不同，这种表现就略显迟钝了。

表现4：为了完成企业分派的特殊任务，适当对企业的办事流程做出临时调整，以适应特殊情况。在坚持原则和变通之间找到一个平衡点很难，这一方面需要个人准确的判断，另一方面也要和老板主动沟通。

## 案例

### 刘备与曹操的最大差距是逆商

逆商高的人在面对困难时往往表现出非凡的勇气和毅力，锲而不舍地将自己塑造成一个立体的人；相反，逆商低的人则常常畏首畏尾，半途而废，最终一败涂地。

从某种程度上说，对政治人物而言，逆商比情商和智商更为重要，因为政治斗争历来是激烈程度最高的斗争，失败和挫折像家常便饭一样，会时有发生。

曹操一生赢过很多次，重大的如官渡之战，也输过很多次，著名的如赤壁之战，可他心理素质极好，尤其是逆商极高，不论面对多大的风浪，总是毫不气馁、泰然处之，然后从头再来。所以，他的成就也是当时最大的。

反过来看刘备，夷陵之战虽然大败，但刘备总共的参战兵力才四万，就算全军覆没，比起当年赤壁之战曹操的损失要小得多了。而且，自己还有整个富饶的益州作为后盾，假以时日，稍加休养，完全可以重振雄风，这可以在诸葛亮后来的六次北伐中得到验证。可是，刘备的逆商太低，面对挫折，心力交瘁，竟然一病不起，很快就去世了，完全是一副输不起的样子。

刘备和曹操最大的差距是逆商，而不是通常人们所认为的智商，因为作为一位政治领袖，他们的智力缺失可以由大臣弥补，但逆商却是任何人也弥补不了的。

## 职业活动训练

### 1. 社会适应能力测试

下面的测验题目可以帮助你更好地了解自己的社会适应能力。请根据第一感觉作答。

1. 假如你的朋友突然带来一个你最不喜欢的人到你家里，你会：(　　)。

A. 表示惊奇

B. 把你的感觉完全隐藏起来

C. 暂时忍耐，以后把实情告诉你的朋友

2. 对自己的某次失败，你会：(　　)。

A. 只要别人感兴趣随时都会告诉他

B. 只在谈话时随便说出来

C. 绝不说，怕会被别人抓住弱点，对自己不利

3. 遇到难题时，你会：(　　)。

A. 毫不犹豫地向有关专家征求意见

B. 经常向熟人请教

C. 很少麻烦别人

4. 你骑车去一个较远的地方参加社交活动，中途找不到路标，你会：(　　)。

A. 赶快查自带的地图

B. 大声报怨，不知何时才能到达目的地

C. 耐心等待路人走过时，问个清楚

5. 当你选择衣服时，你会：(　　)。

A. 总是固定在一个款式上

B. 跟随新潮，希望适合自己

C. 在选定之前，先听取陪同的朋友和售货员的建议

6. 当你知道将要有不愉快的事时，你会：（ ）。

A. 自己进入紧张状态

B. 相信事实并不会比预料的厉害

C. 感觉完全没有办法应付

7. 在嘈杂混乱的环境里，你会：（ ）。

A. 总觉得很烦，不能静下心来读书

B. 仍能静下心来学习，但效率降低了

C. 不受影响，照常学习

8. 和别人争吵起来时，你会：（ ）。

A. 能有力地反驳对方

B. 常常语无伦次，事后才想起如何反驳对方，可是已经晚了

C. 能反驳，但无多大力量

9. 每次参加正式的考试或竞争，你会：（ ）。

A. 常常比平时的成绩更好一些

B. 常常不如平时的成绩

C. 和平时成绩差不多

10. 必须在大庭广众面前讲话时，你会：（ ）。

A. 因怯场，不知所措或说话结结巴巴

B. 感觉虽然难，但还是想方设法完成

C. 侃侃而谈

11. 对团体或社会的集会，你会：（ ）。

A. 总是想领导讨论

B. 只有在知道谈论的题目时才参加

C. 讨厌在集会上说话，所以不参加

12. 受到别人批评时，你会：(　　)。

A. 想找机会反过来批评他

B. 想查明受批评的原因

C. 想直接听一下批评的理由

13. 当情况紧迫时，你会：(　　)。

A. 仍能注意到该注意的细节

B. 粗心大意，丢三落四

C. 慌慌张张

14. 参加比赛时，赛场越激烈，群众越加油，你会：(　　)。

A. 成绩越好

B. 成绩越上不去

C. 成绩不受影响

15. 碰到阻力或困难时，你会：(　　)。

A. 经常改变既定的主意

B. 不改变既定的主意

C. 越有干劲

16. 你符合下面哪一种情况：(　　)。

A. 不安于现状，总想改变点什么

B. 凡事只求规范，不破格办事

C. 礼貌要讲，但事也要办

17. 你赞成下面哪一种说法：(　　)。

A. 只要是正确的，就坚持，不怕打击，敢于孤立

B. 在矛盾方面让一让，就过去了

C. 尽量求和平，把批评和斗争降到最低的程度

18. 假如自己因某些成就被登报，你会：(　　)。

A. 有点自豪，但并不以为然

B. 很高兴，想让朋友也看看

C. 完全不感兴趣

19. 为了给别人留下好印象，你会：（　　）。

A. 想方设法，并花一定时间考虑

B. 不特意去做，但有机会就利用

C. 根本不想在别人面前做这种事

20. 你同意下列哪种观点：（　　）。

A. 为了深入了解自己的国家，学习外国的东西是件好事

B. 外国的事与我们没有任何关系

C. 对学习外国的东西比本国的更感兴趣

**2. 逆商测试**

1. 你的家是否能使你感到舒适放松？（　　）

A. 是　　　　B. 否

2. 在日常生活中，是否能掌握合理安排时间的技巧？（　　）

A. 是　　　　B. 否

3. 你是否拥有一个比较和睦而温暖的人际关系圈？（　　）

A. 是　　　　B. 否

4. 你的兴趣是否广泛？（　　）

A. 是　　　　B. 否

5. 在家人之外，你是否拥有能倾吐心声的好友？（　　）

A. 是　　　　B. 否

6. 你的体重是否在标准体重上下2.5千克以内？（注：“标准体重（千克）=［身高（厘米）-100］×0.9”）（　　）

A. 是　　　　B. 否

7. 每周是否参加三次以上某种形式的彻底放松的活动？(　　)

A. 是　　　　　　　B. 否

8. 你是否每周至少有一次从有益健康、营养平衡出发而设计的膳食？(　　)

A. 是　　　　　　　B. 否

9. 每周内你是否从事30分钟以上的体育活动？(　　)

A. 从不　　　　　　B. 很少　　　　　　C. 经常

10. 一周内是否发生过使你确实感到高兴的事？(　　)

A. 从不　　　　　　B. 很少　　　　　　C. 经常

11. 你是否每天抽烟？(　　)

A. 从不　　　　　　B. 很少　　　　　　C. 经常

12. 你是否需要用药物或酒类帮助自己入睡？(　　)

A. 从不　　　　　　B. 很少　　　　　　C. 经常

13. 白天，你是否需要用药或酒类减轻你的焦虑或使你镇静？(　　)

A. 从不　　　　　　B. 很少　　　　　　C. 经常

14. 你是否有将工作任务带回家晚上做的习惯？(　　)

A. 从不　　　　　　B. 很少　　　　　　C. 经常

注：扫描封底二维码，查看职业活动训练结果分析。

## 思考题

1. 你做过的最有挫折感的一件事是什么？

2. 你愿意加班或经常出差吗？请说明你的理由。

3. 面临很大的压力时，你是如何缓解压力的？

# 第七章
# 解决问题的能力

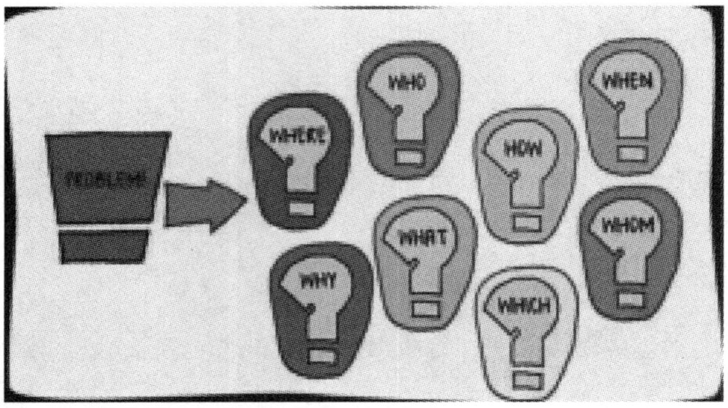


创造始于问题，有了问题才会思考，有了思考，才有解决问题的方法，才有找到独立思路的可能。

——陶行知

## 学习要点

☆ 解决问题能力的构成

☆ 解决问题的步骤

☆ 如何提高员工解决问题的能力

## 案例

### 蔡景现：你解决问题的能力越强，不可替代的可能性越大

2003年4月9日，马云把蔡景现叫到办公室，给了他一份新合同，他问蔡："有个秘密的项目你要不要参加？"因为看不懂全英文的合同，蔡说："是不是还是写代码？"马云说："是写代码。"蔡说："没问题。"

那时的他，并不知道即将参与的项目叫淘宝，更不知道这份新合同背后的项目将彻底改变他的生活，也将改变无数中国人的生活方式。

**一、"多隆"其人**

蔡景现2000年加入阿里巴巴，在阿里有个外号叫"多隆"。2003年，被马云拉进了一个秘密项目，和另外两位工程师一起从零开始，要在一个月内搭建一个名叫"淘宝"的网站，涵盖所有交易系统和论坛系统。多隆做事一个人能顶一个团队，比如说写一个文件系统，别人很可能需要一个项目组，甚至一个公司来做，而他从头到尾都是一个人，在很短的时间内就完成了。从2003年到2007年，淘宝搜索引擎就是他一个人在做，一个人在维护，而且这还不是他的全部工作，他还做了很多其他事情。

2014年，阿里巴巴上市前最后的招股书中新增了三位合伙人，蔡景现就是其中之一。阿里巴巴资深副总裁彭蕾在解释为何会是他们三个人入选合伙人时说，"他们三个人的特点就是很傻很天真，多隆写代码可以写到入定的状态"。多隆是淘宝初创团队的三位开发工程师之一。多隆加入阿里已经16年，是淘宝的第一位程序员，他奠定了淘宝诸多重大项目的基础，现在仍在阿里技术一线写代码。多隆为人低调，不喜交际，在阿里内网被贴上了"少林扫地神僧""技术大牛"等标签。

## 二、解决问题的能力越强，不可替代的可能性就越大

从2000年加入阿里巴巴以来，多隆就只做一件事：写代码，解决问题。即使目前他在阿里的层级已经相当于副总裁，但他依然坚持在一线写代码。

阿里视频云总经理叔度曾在知乎上讲过这样一个故事，“有一次，我们组需要解决一个服务器无故崩溃的诡异问题，搞了三天还没找出原因，于是请教多隆，他看了一眼，3分钟后就告诉了答案。我们瞬间被秒杀。”

阿里系统软件事业部研究员毕玄也说：“厉害的大佬很多，但能被称为‘神’的只有多隆一个。他在解决故障方面的能力无人能及，在淘宝的故障解决历史上有N多案例。”

在阿里，工程师多隆就是“神”一般的存在。“有困难，找多隆”更是在阿里“技术小二”中广泛流传的一句话。不过多隆对此一直很平静：“我就是一个写代码的，很普通。”

2003年4月，淘宝初创团队搬到了马云的“风水宝地”——湖畔花园16幢1单元202，这也就意味着团队要为“淘宝”拼命了。

那时，淘宝的服务器都放在办公室，室内温度很高，由于限电，还不敢开空调。就是在这样的环境下，“淘宝”项目开始了。

不善言谈、不善交际，但多隆永远是“解决问题的那一个”。工作中，说到底拼的就是解决问题的能力，你解决问题的能力越强，你不可替代的可能性就越大。

## 三、热爱与专注是一个人取得成就的最佳途径

18年如一日，多隆把一件事做到了极致，成就了自己，更为淘宝做出了巨大贡献。

在别人纠结是不是要转型管理，是不是要发挥更大影响力，是不是要获得更多权力，是不是要得到更多回报时，多隆却一直在考虑怎么通过改进技术来把事情做得更好。

后来，曾有人问多隆，工作十几年还能保持这样的激情，是怎么坚持下来的。他回答说，很简单，因为在做自己喜欢的事情，解决问题和写代码让我很有成就感。

乔布斯曾说："专注和简单一直是我的秘诀之一。简单其实比复杂更难，你必须努力理清思路，找到心底的热爱，这样才可以创造奇迹。"就像乔布斯说的这样，多隆在阿里坚持了 18 年并创造了奇迹。

谈到十多年来的感触，多隆平静地说："发现问题，解决问题，不要绕开问题本身，多做事情并不会吃亏。"

热爱、专注，保持一颗真诚的心，持续不断地解决问题，正是这些简单质朴的想法，让多隆在前行的道路上越走越坚定。

每个人几乎每天都会遇到各种各样的问题，既有生活中的问题，也有工作上的问题。解决这些问题的能力，是一个人综合能力的体现，因为解决问题并不是靠一项单一的能力，它需要问题解决者具备思考能力、沟通能力、洞察能力以及心理素质等多项能力。

## 第一节　认识解决问题的能力

解决问题的能力是职场人士的核心技能之一。一个职场人士最大的价值就在于其解决问题的能力。面对困难和问题，优秀的人往往会积极寻找解决问题的方法，而平庸的人则总会为自己的无能为力寻找借口，逃避责任。那么，什么是解决问题的能力呢？

### 一、何为解决问题的能力

什么是解决问题的能力？从狭义的角度，可以粗略地理解为在有特定目标而没有达到目标的手段的情境中，通过对知识、技能、思维和能力的综合运用而达到目标的一种综合能力。从广义的角度，可以概括为在发现问题、分析问题、选择方法、制订计划、执行计划、检查效果、纳入标准等一系列步骤上个人能力的综合体现。

解决问题主要可分为两种模式（见图 7—1）。

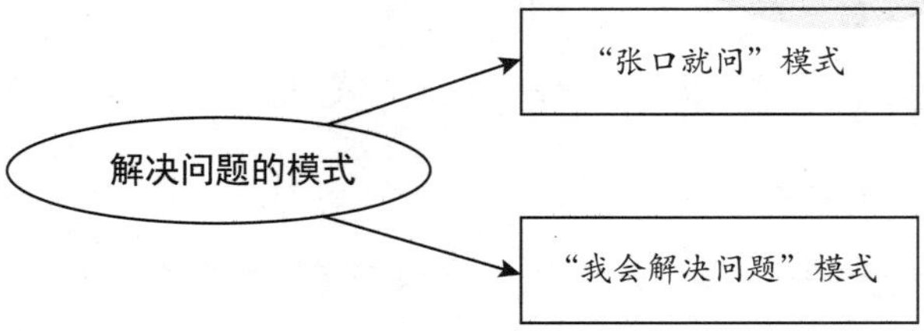


图 7—1　解决问题的两种模式

第一，“张口就问”模式。这种现象其实普遍存在，往往发生在学生或者刚刚步入职场的新手身上。最本质的原因在于学生生涯接受的教育方法往往忽略培养学生对问题解决过程的探索，没有使其形成良好的问题解决意识，因此缺乏对复杂环境的应变思考能力，倾向于对结果的索取。

第二，“我会解决问题”模式。“我会解决问题”，首先是一种意识层面上的转变，遇到问题，最先想到的不是把问题丢给别人，而是尝试自己独立找出解决问题的方案。然后，要懂得应对复杂环境下的问题，学会一些基本的问题处理方法或者途径。开始解决问题时需要检查如下几点：树立责任意识；弄清楚问题的本质；需要做哪些事项；需要哪些技能；制订计划。最后需要注意的是，这是解决问题的一小步，但也是最重要的一步。

## 阅读材料

### 没有什么不可能

不同的发问方式往往决定了问题的不同结果。如果一遇到问题就立即发出“怎么可能”的疑问，那问题百分之百会就此打住，至少你在思想上已经被吓住了，不可能再进一步。但是，假如遇到问题时立马想到的是“怎样才能”，那效果就会完全不一样。当我们把“怎么可能”改为“怎样才能”时，奇迹或许就会出现。

在工作和生活中，遇到问题和困难需要解决时，通常有两种表现不同的人：

第一种人是当他们在发现问题难度较大时，就会马上被困难所吓倒，然后对自己说“绝不可能”会取得成功，所以也就不再去努力，最终放弃。

而第二种人却相反，在面对困难时，他们是强者。他们首先就有一种能战胜困难的良好心态，认为没有什么不可能！

然而，他们又是如何做到这点的呢？

假如你是一个只有19岁的穷大学生，连上学的钱都不够，能够在不从事任何非法活动的前提下，完全凭自己的智慧在短短1年内赚到100万美元吗？可能大多数人听到这样的问题时，都会笑着摇头，说：“绝不可能！”

但有个叫孙正义的人做到了！

在制订人生50年规划时，孙正义还是一个留学美国的穷学生，正为父母无法负担他的学费、生活费而发愁。他也曾有过到快餐店打工的想法，但很快又被自己否定了，因为这与他的梦想差距太大。左思右想之后，他决定向松下学习，通过创造发明赚钱。于是，他逼迫自己不断想各种点子。一段时期内，他设想的各种发明和点子就记录了整整250页。

最后，他选择其中一种他认为最能产生效益的产品——“多国语言翻译机”。但这时问题来了：他不是工程师，根本不懂得怎么组装机子。当然这肯定难不住他，他向很多小型电脑领域的著名教授请教，向他们讲述自己的设想，请求他们的帮助。

虽然大多数教授拒绝了他，但最终还是有一位叫摩萨的教授答应帮助他，并为此成立了一个设计小组。这时孙正义又面临着另一个问题：他手上没有钱。

怎么办？这也难不倒他，他想办法征得了教授们的同意，并与他们签订合同：等到他将这项技术销售出去后，再给他们研究费用。

产品研发出来后，他到日本推销。夏普公司购买了这项专利，而这笔生意一共让他赚了整整100万美元。

所以一个人只要开动“脑力机器”去解决问题，去想方法，就没有什么不可能，就能创造奇迹！而能创造这种奇迹，关键在于改变发问方式：将否定式的疑问——“怎么可能”，变为积极的提问——“怎样才能”。

有科学家曾经研究过：如果一个人将思想聚焦在对“怎么可能”的怀疑上，那他的智力潜能就会受到一定程度的压抑，就有可能把能够实现的东西扼杀在摇篮之中！

所以我们只有将思想聚焦在“怎么才能”的探索上，让我们的脑力机器积极地开动起来，才能最终去把各种“不可能”变为可能，从而改变命运！

## 二、解决问题能力的构成

解决问题的能力是指在不需要别人指导的情况下，能够独立地解决工作中从来没有遇到过的问题，使工作顺利开展，并完成部门绩效的能力。解决问题的能力可分成三部分，即预见力、决策力和执行力，如图7—2所示。

第一，预见力。预见力是指根据信息进行结果导向的预见能力（假设结果导向）。我们每天都要面临如何解决问题的困境。在这种情况下，无论在时间上

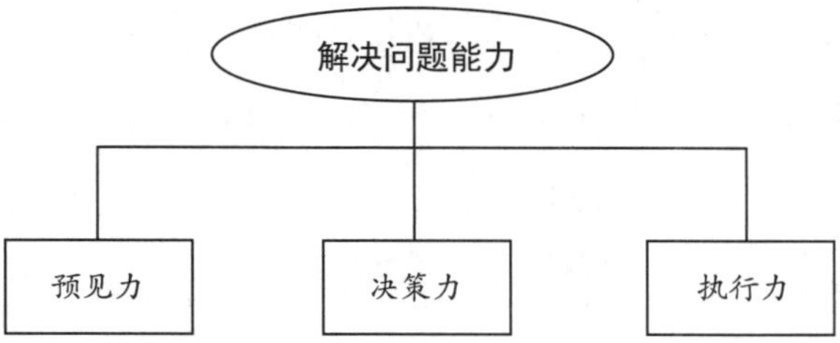


图 7—2　解决问题能力的构成

还是在资源上都不允许调查完所有情况后再给出解答。如果你能在限定的时间内只用很少的信息就能找到最佳解答方案，那么你就能显著提高业务的成功率。这种能力是结合你现有经验通过少量信息进行结果预测。

第二，决策力。决策力是指根据有效信息高效率做出决策的过程。一旦信息过多，就会延误做决策的时机。在做决策的时候，只有那些可以帮助缩小现有选择范围的信息才有用。一般而言，许多企业也有这样一个比较强的倾向：在搜集尽可能多的信息后做出决策。遗憾的是很多企业由于在做决策上花的时间过多，进而延误了执行必要措施的时机。或者，有的企业会出现这种情况：在搜寻新信息的过程中致使选项增多，或出现了原本不知道的新的实际情况，从而使企业一直瞻前顾后，怎么都做不出决策。

第三，执行力。执行力是指在制定解决问题的方案后进行任务分解推进执行的能力。可将执行力较强的人定位成“领导人的执行人，执行人的领导人”。具体包括：

（1）项目管理能力：将一级问题分解成二三级问题并分配给不同能力团队人员的“任务分解能力”。

（2）资源整合能力：为了促使问题解决所需要的人力、物力的整合应用能力。诸如向领导寻求人力资源倾斜，团队无法解决的问题通过寻找专业人士外包解决等。

（3）沟通协调能力：对个人而言的工作生活时间分配与上级领导、同事、下属之间的协调配合；对团队而言的管理、培训、激励等。

无论我们身处何种地位，或从事何种职业，解决问题的能力决定了我们的人生价值。我们每个人在企业中的作用和必要性就在于我们能够通过实际的工作去解决一个又一个的问题。个人作用的大小，取决于我们能够解决多少个这样的问题，能够通过解决问题来体现自己多大的价值。我们能够解决的问题越多，产生的影响越大，能力就越强，价值就越高。

## 案例

### 一流员工找方法，末流员工找借口

小张刚刚毕业于某名牌大学，学识不错，形象也很好，但有一个明显的毛病：做事不认真，遇到问题总是找借口搪塞。

刚开始上班时，大家对她印象还不错。但没过几天，她就开始迟到，办公室领导几次向她指出，她总是找这样或那样的借口来解释。

一天，领导安排她到北京大学送材料，要跑三个地方，结果她只跑了一个就回来了。领导问她怎么回事，她解释说："北大好大啊。我在传达室问了几次才问到一个地方。"

领导生气了："这三个单位都是北大著名的单位，你跑了一下午，怎么会只找到这一个单位呢?"

她急着辩解："我真的去找了，不信你去问传达室的人!"

领导更生气了："我去问传达室干什么？你自己没有找到单位，还叫我去核实，这是什么话?"

其他员工好心帮她出主意：你可以找北大的总机问问三个单位的电话，然后分别联系，问好具体怎么走再去；你不是找到了其中的一个单位吗？你可以向他们询问其他两家怎么走；你还可以在进去之后，问老师和学生。

谁知她一点也不理会同事们的好心，反而气鼓鼓地说：“反正我已经尽力了！”

就在这一瞬间，领导下了辞退她的决心：“既然这已经是你尽力之后达到的水平，想必你也不会有更高的水平了，那么只好请你离开公司了！”

虽然女孩的举动让很多人难以理解，但大家恐怕都认同，像这种遇到问题不是想办法解决而是找借口推诿的人，在职场中并不少见，而他们的命运也显而易见。

## 第二节　解决问题的步骤

麦肯锡公司是全球著名的管理咨询公司，在全球44个国家和地区开设了84家分公司或办事处。麦肯锡目前拥有9 000多名咨询人员，他们来自78个国家，均具有世界著名高等学府的学位。麦肯锡有自己的一整套流程来分析和解决各种问题，麦肯锡解决问题的7个步骤，就是麦肯锡最著名的“七步成诗”，如图7—3所示。

第一步，陈述问题。要清晰陈述问题，如要有一个主导性的问题或很可靠的假设，要具体陈述而非笼统说明，要富有内涵（而非事实的罗列或一种无可争议的主张）；要以决策者下一步所需的行动为重点等。

第二步，分析问题（逻辑树）。可以通过画逻辑树来完成，根据喜好选择一种逻辑树，这样可以高效地分解问题，以便更加完整地解决问题。

第三步，去掉所有非关键问题（漏斗法）。应该把精力更多地放在重点问题上。

第四步，制订详细的工作计划。制订详细工作计划要提早，不要等待数据搜集完毕才开始工作；反复、仔细分析，要经常修改、补充数据，以改善工作

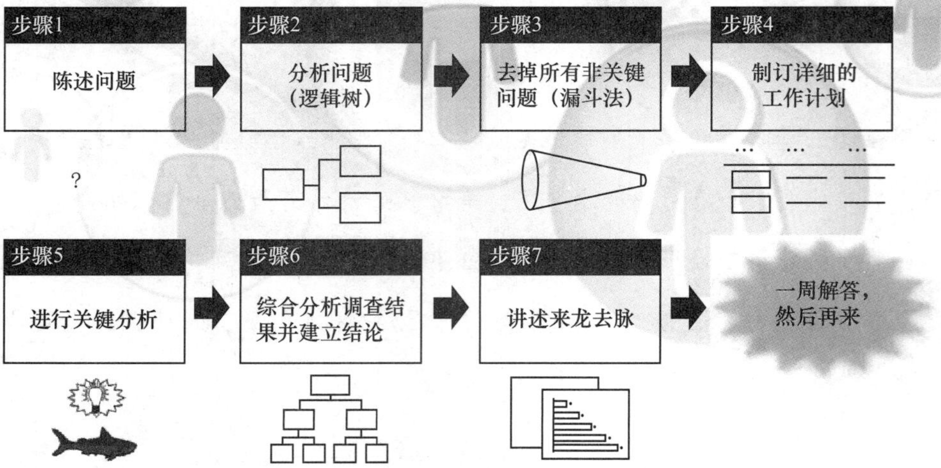


图 7—3　麦肯锡解决问题的 7 个步骤

计划；要具体问题具体分析，寻找具体来源；要同项目小组成员一起检测，尝试其他假设；有序工作，按时交付。

第五步，进行关键分析。进行关键分析时要遵循以下原则：

（1）以假设和最终产品为导向，不要只拘泥于数字。

（2）经常反复地进行假设和数据分析，不要绕圈子。

（3）尽可能地简化分析。

（4）仔细分析之前估算其重要性，开阔视野。

（5）使用简便的思维方法，别钻牛角尖儿。

（6）从专家那里得到数据，经常给出比“图书馆数据”更清晰的指导方向。

第六步，综合分析调查结果并建立结论。

第七步，讲述来龙去脉。在沟通交流中将数据和论证联系起来。可以画出你所持论点的完整结构，以每张图表上方的信息文字串联成一个合乎逻辑又具说服力的故事。

## 案例

### “6+2”大于“4+4”

“4+4”等于8，“2+6”等于8，“6+2”也等于8，但有人却奇迹般地让“2+6”或“6+2”大于“4+4”，这是为什么呢？

事情还要从美国的金门大桥说起。金门大桥是“4+4”八车道模式，但由于上下班的车流在不同时段出现两边分布不均的现象，所以桥上经常发生堵车问题。为了解决这一问题，美国当地政府决定在金门大桥旁边再建造一座大桥。一位年轻人得知这个消息后，向当地政府建议，不再建大桥也能很好地解决桥上的堵车问题。

年轻人说，在桥面不增宽的情况下，可以在有限的八车道上做文章，完全可以让“8”大于“8”。这位年轻人的妙计就是，把原来的“4+4”车道模式，按上下班的车流不同，改为“6+2”模式或“2+6”模式，也就是说，在上班和下班这个特殊的时段，车流拥挤的一边扩展为6车道，而另一边则缩减为2车道，但整个桥面的车道仍是8车道。当地政府采纳了年轻人的建议，从此大桥堵车的问题很好地得到了解决。而就是这个金点子，为当地政府节约了再建大桥的上亿元资金。

## 第三节　如何提高解决问题的能力

### 一、明确关键问题所在

我们在工作时，可能会遇到许多问题同时“袭”来，这时，我们不可“眉毛胡子一把抓”，要抓住关键问题，从大局观上来梳理问题，集中精力解决关键问题，然后再逐个击破其他问题。解决问题时，也要“擒贼先擒王”，先抓住问题的关键点。

### 二、咨询

遇到问题，可以在网络上发起问题咨询，可以向有经验的人咨询，可以向有权威性的行业及主管部门进行咨询。最终找到一条解决问题的路径，这样做可以少走弯路。

### 三、协同帮助

遇到问题，也找到了解决路径，这时我们还应该请求其他人或部门来协同解决问题。遇到问题，不可当“独孤将军”，虽可暂时“破敌”，但没有有力的帮手，也会导致最终失败。

### 四、回顾

问题解决后，可从头再将问题梳理一遍，看是否有遗漏，如果没有问题，也可以仔细回想处理问题的过程，总结并汲取好的经验。

## 阅读材料

### 做一名智慧型员工

一名有办事能力的员工，必然是一名智慧型员工。处处运用智慧，时时运用智慧，这样，才能超越平庸，成为不可或缺的人才。

企业里面有各种各样的员工，他们来自五湖四海，能力、性格等方面也是千差万别，通常我们将员工分成三类：

一是机械型员工。有一做一，完全按领导的具体指示一步步做事。面对这样的员工，就像面对一个机器人，你要将工作步骤像写程序一样布置给他，否则他什么也不能完成。

二是智能型员工。这类员工可以将自己的专业知识、专业技能主动地应用于工作中，以此弥补领导在专业方面的不足，同时还可以为领导提供某些专业方面的合理建议，就像领导的智囊团。

三是智慧型员工。这样的员工能够系统化思考问题，将各方面的知识和道理融会贯通应用于工作。这样的员工是用头脑工作的员工，而且也是每个企业在发展过程中最需要的员工。

只有智慧型员工才能在瞬息万变的职场中经受住市场的洗礼，成为公司发展的顶梁柱、老板的左右手，同时自己也才能有一个更好的发展前景。

## 案例

### 北大高才生上“万言书”却被华为辞退：用不用你，与能力无关！

《任正非正传》一书里记录了这样一个故事：华为一名新员工，北大毕业，刚到华为时就公司的经营战略问题洋洋洒洒写了一封“万言书”给任正非。他原本以为自己独到的见地能打动领导，结果任正非批复：“此人如果有精神病，建议送医院治疗；如果没病，建议辞退。”

1. 没有实践就请闭上嘴

职场不是肥皂剧，别轻易把自己当主角。想靠一封万言书就引起老板的重视，得到领导给予的额外机会，大多数人恐怕都没有这个运气。事实上，没有脚踏实地实践的人，如果给了他发言的机会，往往会坑了一个管理者——没做过管理、不懂企业管理“套路”的人，只会从自己的角度去看待问题，在这种情况下，重视这种“万言书”，很可能把管理者带到坑里。

每个人的位置，会决定这个人的视野。从新员工的角度，无法全盘看清企业的问题。对公司所处的市场环境、商业模式、管理策略一无所知，但却觉得自己能力出众、鹤立鸡群，实乃大忌。

2. 我请你来不是让你证明我错了

我请你来不是证明我的决策是错误的，我请你来是把我的决策落实到位、执行到位！如果有困难，你要想办法完成。

在京东的战略会议上，刘强东信心满满宣布京东自己投入巨资建立物流配送体系，这也意味着京东在很长一段时间内要负债经营。一名高管马上站起来反对，他的理由也很充分，尤其是京东作为互联网公司不能做物流这样的重资产的观点，得到参会不少人的赞同，甚至有些人觉得刘强东这是在“玩火”。他讲完以后，会场上出现躁动。刘强东却平静地说，京东自建物流配送体系是我的决定，我今天不是和大家商量，是通知大家，请大家遵照执行。

随后，他看着那名高管说，我请你来不是证明我的决策是错误的，我请你来是把我的决策落实到位、执行到位！如果有困难，你要想办法完成。一星期后京东再开会的时候，大家发现这名高管的位置已经坐上了其他人。

如今京东成为唯一一个可以与马云的阿里巴巴抗衡的企业，凭借的就是每天晚上11点前下单第二天上午就能送到货品的物流配送体系。

**3. 踏实做事才是本事**

人天生有一种负面行为：抱怨，对于身边不满意的事情，就要“怼”个痛快。于是公司里永远不乏一种人，仿佛全世界就他一个人发现了同事不行、领导无能、待遇太差、公司要完，总是絮絮叨叨，见到人就说公司存在的种种问题。然而，把问题说出来没什么了不起，人人都有这个本事，重要的是能够在改变不了这些问题的情况下，还能踏踏实实做好自己的事情。

**4. 培养你，辞退你，从来都不是看能力**

能不能做，是能力问题；肯不肯做，是态度问题。很多人自恃能力出众，不肯做能做的事情，天天想着自己还不能做的事，这就是价值观的问题。

这位北大高才生，荒废该做的事情，去想自己做不到的事情，忽视基础岗位的价值，太过急功近利，这样的人被辞退是情理之中。

## 职业活动训练

1. 准备一份约6 000字的报告、一根细线和30粒珠子。请在15分钟内阅读完报告，写出500字评述，并将所有珠子串在细线上。

2. 完成以下任务：

（1）背景描述：1个猎人带着1只狼，1个女人带着2个小女孩，1个男人带着2个小男孩，他们要渡河。猎人离开狼，狼会把所有的人吃掉；女人离开2个小女孩，男孩会打死2个小女孩；男人离开2个小男孩，女人要把2个小男孩打死。

（2）限制条件：4个小孩都没有驾驶船的能力。船只能坐2个人，而且回来的时候必须有1个人要驾驶船回来。

（3）问题：他们是怎样全部平安渡河的？

## 思考题

1. 有8颗弹子球，其中1颗是“缺陷球”，也就是说这个球比其他球都重。请问：使用天平，只通过两次称量，怎样找到这个球?

2. 如果你是公司的一名新员工，担任人力资源管理部经理助理，入职第一天，你的直接主管——人力资源部经理交给你一堆文件，让你把它们全部录入电脑，他希望1个小时之后拿到这些资料的电子版。但是这个时候，曾经面试你的总经理走过来对你说，他的秘书请假了，目前他急着处理一堆文件，希望你在1小时内帮他把这些资料录入电脑。请问：你该怎样解决这个问题?

# 第八章

# 学习能力

在信息更新迅速的现代，能拉开人和人之间差距的，不再是掌握了多少知识信息，而在于迅速吸收新知识的学习能力。

——杨福家

## 学习要点

☆ 学习能力的内涵

☆ 学习金字塔和学习力模型的构成及应用

☆ 如何提高员工的学习力

## 案例

### 刘媛媛：靠学习能力实现人生逆袭

很多人是通过《超级演说家》认识刘媛媛的，她凭借《寒门贵子》的演讲战胜了有丰富主持演讲经验的美籍华人一举成为全国总冠军。从演讲小白到全国冠军，刘媛媛这个出身寒门的姑娘正是靠着超强的学习能力实现了人生逆袭。

复旦大学校长杨福家认为：在信息更新迅速的现代，能拉开人和人之间差距的，不再是掌握了多少知识信息，而在于迅速吸收新知识的学习能力。只要获得学习能力，就能原地逆袭！能够把这种能力发挥到极致的人不多，刘媛媛就是其中一个。到目前为止，刘媛媛从山村考上北大、一路杀到“超演”冠军、当上CEO，凭借强大的学习能力，她先后实现了三次逆袭。

**1. 她曾是差等生**

高中之前，刘媛媛是个“吊车尾”，全年级总共二百多人，她的成绩排到一百八十名以后。直到高一某个下午，她在图书馆看到一本叫《一个叩开牛津大门的高二女生》的书。媛媛非常好奇：假如我付出了与她相同的努力，可以得到什么样的结果？

对她而言，想去北大在一秒前还是连做梦都不敢有的念头，但一秒后，刘媛媛在这窄小的图书馆里发了疯似的要去北大，她迫切想要变得更加强大，要改变自己，脱离贫困，走向更广阔的世界。可现实是，她身边有很多同学非常努力，却从未考进班级前十。如果只是努力，恐怕也未必能考上重点本科，更别说北大了。

直到某一天背书，她找到了一种连历史书课本的小字部分都能清晰记住的方法。之前用一个早上背的课文，第二天就忘得差不多了。而现在用同样的时长，她可以牢牢记住所有东西！“原来我之前一直都用错了方法！”她研究出一套适合自己的学习方法：如何做题快准狠，怎么彻底解决拖延症，怎样在几秒内进入学习状态……凭借这些方法，她的学习能力得到了极大的提高。当普通学生只满足于完成老师要求的时候，她一个暑假“刷”完了十几本题，在等车的时候还捧着《经济学人》等英文书刊进行阅读。自从找到了适合自己的学习方法，她的解题和反应能力相比过去都有了很大的提高。

三个月后，刘媛媛就从倒数考到了年级第一！

人们常说要坚持要认真，并不是让你坚持做错事，做无用的事。如果仅仅拥有坚持和认真，没有“方法”和“思考”的话，就会让我们沉浸在自己的世界里，成为一个仅仅为自己的勤奋而感动的失败者。

**2. 她“杀”回了北大**

或许是命运弄人，刘媛媛高考发挥失常，并没有考上理想中的北大，而是考到了对外经济贸易大学。

对于很多人来说，考入这个大学也已经很不错了。这代表着在毕业以后至少可以在大城市成为一个“白领”，完全可以知足了。

但刘媛媛不这么认为，她说：“如果就这样知足地活在自己的舒适区里面，那我为什么要费那么大劲儿考出来？”她没有丢掉自己考上北大的梦想，大学四年，她一直在为考取北大法硕做准备。

她很清楚，考北大法硕的人比她优秀的多得是，瞎努力永远拼不过人家。她想到了自己中学时领悟到的以学习方法制胜的道理。可与高考不同的是，她要跨专业考研，就必须从零开始学习法律知识。因此，她面临的问题就更多了。

记忆力变弱：头一天背的新知识点，第二天就忘得差不多了，类似的题目做了一次还错第二次……

专注力不够：过惯大学四年的松散生活，心境早已不像十七八岁那般单纯专注，看书容易分神……

计划不合理：不像高考有老师带你定目标做计划。考研是一个人的战斗，自己还在第一轮复习而别人已经到第二轮了。

……

“是不是我的学习方法存在问题?”她跑去图书馆借阅数十本国外学习方法类书籍进行研读，通过研读她发现：原来自己在高中找到的学习方法是有科学根据的！

进行深入研究后，她优化了自己的学习方法，并重新找回了自信，做到了真正的心无旁骛。在漫长的一百多天里，她每天七点多到教室，晚上十一点回去休息，周而复始。她把参考书都翻烂了，笔记做得密密麻麻，背书背到天昏地暗……

如果真有奇迹，那只是努力的另一个名字。

“我还是考上了。”她终于忍不住哭了出来。

她的成绩远远超过北大法硕分数线，在全国排名第十！

不努力坚持到最后，你永远不知道是不是能改变什么。如果当初就这样放弃了北大梦，她永远也不知道自己真的能考上北大。

### 3. 她当上最年轻的 CEO

正是“变态努力”+“高效方法”让她慢慢摆脱贫困，让她无论是在学习上还是工作上都比普通同龄人更胜一筹，成为他人眼中的寒门贵子。

虽然毫无经验，但为了在《超级演说家》脱颖而出，她用 3 天时间研究数百个演讲者的语气、肢体动作、表达方式，在 20 多本演讲技巧书籍中找到适合自己的演讲方式。毕业后和志同道合的人一起创业，她能力十足，第一次接手的活儿总是能迅速上手。策划活动、项目运营、对接客户、培训新人……任何领域好像都是这位“90 后”CEO 擅长的领域。对此，刘媛媛说：“我总是能比别人学得快！”

总有人问：“你到底怎么考上北大，获得‘超演’冠军，当上 CEO 的?”她说："我可以跟你讲一百个我挑灯夜战的故事，也可以跟你讲滴水穿石的坚持，但是我在逆袭之路上，最重要的并不是它们，而是我有超乎常人的学习能力!"

俗语说得好，学历代表过去，财力代表现在，学习能力代表将来。正如美国著名未来学家、《第三次浪潮》作者阿尔文·托夫勒曾预言，"21 世纪的文盲，不是那些没有知识的人，而是那些不会学习的人"。

## 第一节　认识学习能力

21 世纪的竞争中，最根本的竞争是人才的竞争，而决定人才质量高低的核心因素是学习能力，快速阅读、快速学习是职业人必备的核心能力之一。因此，学习能力尤为重要，它和工作能力的强弱息息相关，在某种意义上，也可以这样说：学习能力就是工作能力。

### 一、何为学习能力

学习能力（learning ability），也称学习力，是在学习过程中形成和发展起来的，是学习主体运用科学的学习方法独立加工和利用信息，分析和解决问题的一种能力。学习能力就是学习的方法与技巧（而并非学到什么东西），有了这样的方法与技巧，学习到知识后，就形成专业知识，学习到执行的方法与技巧，就形成执行能力，所以说学习能力是所有能力的基础。学习能力一般是指人们在正式学习或非正式学习环境下，自我求知、做事、发展的能力。个人的学习力，不仅包含知识总量，即个人学习内容的宽广程度和组织与个人的开放程度，也包含知识质量，即学习者的综合素质、学习效率和学习品质，还包含学习流量，即学习的速度及吸纳和扩充知识的能力，更重要的是知识增量，即学习成果的创新程度以及学习者把知识转化为价值的程度。

一般来说，学习能力具有如下重要特征，如图8—1所示。

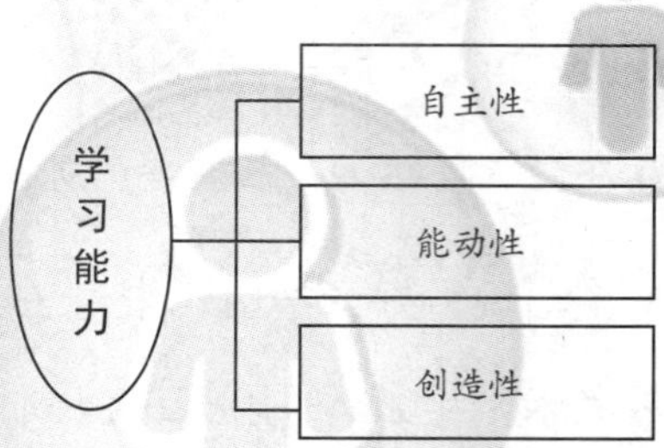

图8—1 学习能力的特征

第一，自主性。自主性是指个体生命自觉、自愿地去学习，而不是被迫去学习。

第二，能动性。能动性是指个体积极、富有创造性地去学习，而不是对知识、信息简单的吸收，同时还要会消化，要善于转化成生命体所需要的物质和精神能量。

第三，创造性。学习的最终目的是推陈出新、吐故纳新、融会贯通，是创新和创造，而不是陷入“死读书，读死书，读书死”的误区。

## 测试13

### 你的学习能力如何？

一个人的学习技能贯穿和表现于整个学习过程中。那么，你的学习能力指数到底是多少呢？来测试一下吧（见表8—1）！下面有25道题，每道题有5个备选答案，请你根据自己的实际情况，在题目后面圈出相应字母，每题只能选择一个答案。

其中，A，很符合自己的情况；B，比较符合自己的情况；C，很难回答；D，较不符合自己的情况；E，很不符合自己的情况。

表8—1 测测你的学习能力

| | 题目 | A | B | C | D | E | 得分 |
|---|---|---|---|---|---|---|---|
| 1 | 你在进行阅读时，习惯随手记下阅读中的不懂之处 | | | | | | |
| 2 | 你经常阅读与自己专业无直接关系的书籍 | | | | | | |
| 3 | 在观察或思考时，你比较重视自己的看法 | | | | | | |

续表

| | 题目 | A | B | C | D | E | 得分 |
|---|---|---|---|---|---|---|---|
| 4 | 你重视做好预习和复习 | | | | | | |
| 5 | 在和人进行讨论时，你习惯按照一定的方法进行讨论 | | | | | | |
| 6 | 做笔记时，你倾向于把材料归纳成条文或图表，以便理解 | | | | | | |
| 7 | 听人讲解问题时，你习惯用眼睛注视着讲解者 | | | | | | |
| 8 | 在学习中你善于利用参考书和习题集 | | | | | | |
| 9 | 在学习中你注意归纳并写出学习中的要点 | | | | | | |
| 10 | 在学习中你经常查阅字典、手册等工具书 | | | | | | |
| 11 | 面临考试时，你能克服紧张情绪 | | | | | | |
| 12 | 遇到你认为重要的内容，就格外注意听讲和理解 | | | | | | |
| 13 | 阅读中若有不懂的地方，你一定非弄懂不可 | | | | | | |
| 14 | 你善于联系其他学科内容进行学习 | | | | | | |
| 15 | 动笔解题前，你一般先有个设想，然后抓住要点解题 | | | | | | |
| 16 | 你在阅读中看到认为重要的或需要记住的地方，就画上线或做上记号 | | | | | | |
| 17 | 你经常向老师或其他人请教不懂的问题 | | | | | | |
| 18 | 你喜欢讨论学习中遇到的问题 | | | | | | |
| 19 | 你善于汲取别人好的学习方法 | | | | | | |
| 20 | 你习惯对需要记牢的公式、定理等反复进行记忆 | | | | | | |
| 21 | 你善于观察事物或参考有关资料进行学习 | | | | | | |
| 22 | 你能够在听课时做好笔记 | | | | | | |
| 23 | 你重视学习的效果，不浪费时间 | | | | | | |
| 24 | 如果实在不能独立解出习题，你就看了答案再做 | | | | | | |
| 25 | 你能制订出切实可行的学习计划 | | | | | | |
| 合计 | | | | | | | |

注：扫描封底二维码，查看测试结果分析。

## 二、学习能力的形成过程

学习能力的形成是通过知识、技能和方法的获得及其广泛迁移，从而使它们不断综合和概括而实现的。学习能力的形成过程如图 8—2 所示。随着学习活动进行，学习主体的知识不断增加，继而通过不断思考和整合，将这些知识内化为结构化的知识技能。随后，知识技能结构进一步被方法化、系统化，形成有利于问题解决的、程序化的活动经验结构。这样一来，学习能力得以提高，学习任务得以完成。

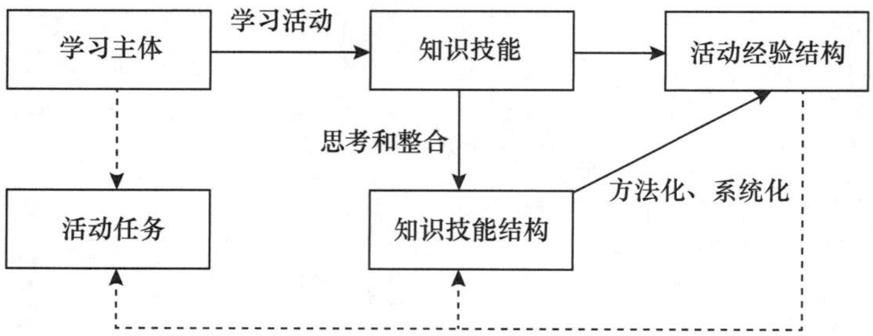


图 8—2　学习能力的形成过程

## 三、学习能力的构成

从学习能力结构来看，学习能力主要是由原发层、内化层和外化层三大层次共同构成，具体如图 8—3 所示。其中，学习能力的原发层包括学习的意志、兴趣、动机、毅力、价值观等内容；学习能力的内化层包括现有文化知识基础、智力、记忆力、理解力、思考力、学习的效率，以及观察力、分析力、综合力和评价力等内容；而学习能力的外化层则包括对所学知识的释放力、应用力、适应力、创新力。

学习能力这三个层面彼此之间存在关联。学习能力的原发层支撑着学习能力的内化层，学习能力的内化层支撑着学习能力的外化层。三个层面相互关联、

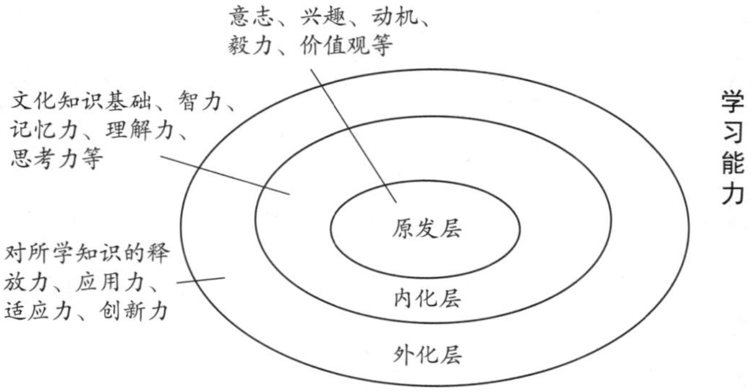


图 8—3　学习能力的构成

相互影响。例如，学习的兴趣、动机是在学习过程中形成的，而兴趣、动机既是学习的前提，又是学习的结果。

## 阅读材料

### “学霸”们超强的学习能力是怎样练就的？

都说“活到老，学到老”，学习是贯穿所有人一生的事情。每个人都有自己的学习能力，但是有一类人特别显眼，那就是大家眼中的“学霸”。他们有着比大多数人都要强的学习能力，成绩自然也就比大多数人要突出。那么，“学霸”们超强的学习能力是怎样练就的呢？一位来自清华大学的“学霸”为大家分享了他的学习经验和学习方法。

一个人的学习能力强不强，并不在于他的天赋有多高，而是在于他长期以来的学习习惯。学习能力主要看两方面：心态和学习方法。学习方法有很多，例如利用碎片化时间、错题集等，这些方法的确对你的学习很有帮助，但是远远不如心态重要。这位“学霸”从心态和学习方法两个角度，讲述应如何提高学习能力。

## 一、主动式学习

真正的学习是一种接收信息、思考信息，最后接受信息的过程，但是有很多人根本就没有中间的思考这个环节，这就形成了一种“被动式学习”。“被动式学习”的人往往都是在学习时非常被动地吸收知识，很多时候都没有对这个知识点了解透彻，只是会做几道题，就认为自己完全掌握这个知识点了。

而“学霸”与此最大的不同就是会进行“主动式学习”，他们通常都是带着自己内心的疑问在进行学习，在学习的过程中不断思考问题。在一段“主动式学习”的过程中，“学霸”们在不断地探索，挖掘知识点的深度，只有这样一路往下挖，才能真正触碰到事情的本质！

虽然高考让我们的素质教育变成了应试教育，但是我们获取知识的目的仍应该是训练自身的思维能力，而不是成为一台没有思想的答题机器！

## 二、快速进入学习状态

无论什么事情都有这样的一个规律，你在思想上拖延的时间越久，你就越难以做好，学习自然也不例外！

游戏、运动让你感到快乐，而学习可能会让你感到无趣，但是你仔细一想，让你感到快乐的那些游戏和运动，其实只不过是因为能够让你把精神投入其中而已，是你的专注让你获得了快乐，而不是游戏和运动本身。所以，如果下定决心要学习的话，那就立刻、马上、当下、现在就开始，绝不要有任何的拖延和犹豫！

有太多的人因为学习上的“拖延症”而导致学习效果不佳甚至半途而废，说的好听是“拖延症”，说的难听就是因为懒！任何事情，只要你不拖延，立马动手去做，你就会发现当自己投入其中的时候，专注度自然会上来。如果想要提升自己的学习能力，那么一定要学会快速进入学习状态！

除去极少部分的天才，大多数“学霸”们之所以能够拥有超强的学习能力，是因为他们积年累月的学习习惯以及点点滴滴的积累，由量变引起质变！

# 第二节　学习金字塔

一般而言，学习有主动学习和被动学习之分。在对学习方式进行认识和了解的过程中，我们不妨先来了解一下“学习金字塔”。“学习金字塔”（cone of learning）是美国学者埃德加·戴尔（Edgar Dale）于1946年提出的概念，有人将其翻译为“经验之塔”。它是当前重视、强调自主学习的理论依据。之后美国缅因州国家训练实验室也做了类似的研究，并发布了学习金字塔（learning pyramid）理论。两者的结论几乎相同，唯一的区别是后者把阅读和听讲交换了次序，认为阅读比聆听记住的东西更多，这个结论与我们的经验更加贴近一些。文章中选用美国缅因州国家训练实验室提出的概念进行讲解，如图8—4所示。

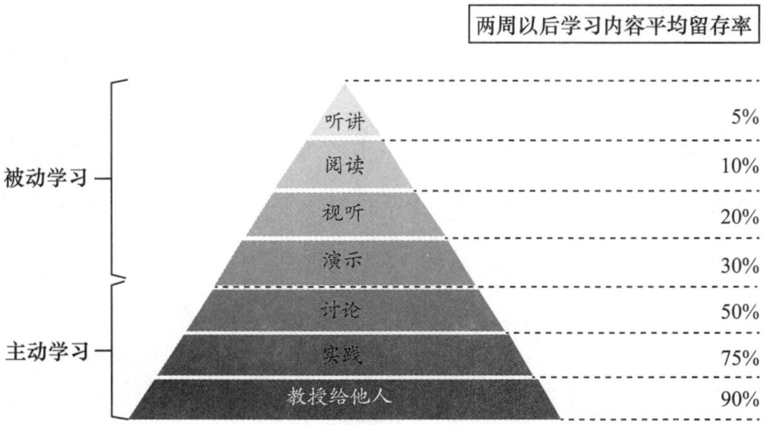


图8—4　学习金字塔

人的学习分为被动学习和主动学习两个层次。学习金字塔理论告诉我们，不同的学习方法达到的学习效果不同。研究表明，在两周之后，因学习方法不同，学生对知识的保持率从5%~90%不等。其中，通过被动学习，如听讲、阅读、视听、演示等方式，在两周后对学习内容的平均留存率分别为5%、10%、

20%、30%。而通过主动学习，如讨论、实践、教授给他人等方式，能将原来被动学习 5%~30%的平均内容留存率，提升到 50%、75%甚至 90%。这个模型很好地展示了不同学习深度和层次之间的对比。

塔尖是第一种学习方式——“听讲”，也就是老师在上面说、学生在下面听，这种我们最熟悉、最常用的方式，学习效果却是最低的，两周以后学习的内容只能留下 5%。

第二种，通过“阅读”方式学到的内容，可以保留 10%。

第三种，用“声音、图像”等方式学习，可以达到 20%。

第四种，采用“示范”这种学习方式，可以记住 30%。

第五种，采取“小组讨论”，可以记住 50%的内容。

第六种，采取“做中学”或“实际演练”，可以达到 75%。

最后一种在金字塔基座位置的学习方式，是“教别人”或者“马上应用”，可以记住 90%的学习内容。

如果我们掌握了第六种方法，那么我们比认真听讲的学习效率要高 25 倍！因此，学习方法不同，学习效果大不一样。学习内容留存率不足 50%的几种学习方式，都属于被动学习或个人学习；而学习内容留存率达到或者超过 50%的几种学习方式，都属于主动学习或参与式学习。

## 第三节　学习力模型

学习力，是指一个人学习的动力、毅力和能力的综合体现。因此，学习力主要由学习动力、学习毅力和学习能力三个要素构成，如图 8—5 所示。

第一，学习动力，是指自觉的内在驱动力，主要包括学习需要、学习情感和学习兴趣，是学习力的激励因素。

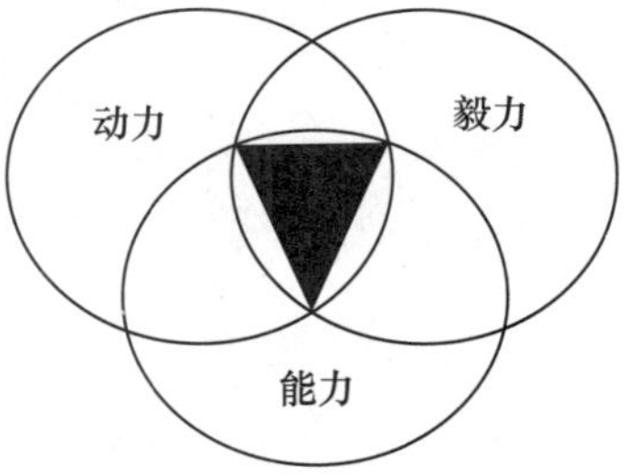

图 8—5　学习力模型

第二，学习毅力，即学习意志，是指自觉地确定学习目标并支配其行为克服困难实现预定学习目标的状态。它是学习行为的保持因素，在学习力中是一个不可或缺的要素。

第三，学习能力，是指由学习动力、学习毅力直接驱动而产生的接受新知识、新信息并用所接受的知识和信息分析问题、认识问题、解决问题的智力，主要包括感知力、记忆力、思维力、想象力等。相对于学习而言，它是基础性智力，是产生学习力的基础因素。

综上所述，员工的学习力取决于其是否有明确的奋斗目标、坚强的意志和丰富的理论知识，以及大量的实践经验。当员工有了努力的目标，就视为具备“应学”的动力；当员工具备了丰富的理论知识和实践经验，就可认为其具备“能学”的力量；而当员工的学习意志很坚定，就可以认为其有“能学”的意愿。因此，只有将三者融合，集于一体，员工才真正地拥有学习力。

通过员工的学习力模型，我们知道员工的学习力主要体现在学习动力、毅力和能力的共同驱动和发展上，这对企业提升员工的学习力有一定的指导作用。学习力是企业的核心竞争力，如果将一个企业比作一棵大树，学习力就是大树的根，也就是企业的生命之根。这就是我们常说的树根理论，如图 8—6 所示。

树根理论告诉我们，评价一家企业在本质上是否有竞争力，不是看这家企业取得了多少成果，而是要看这家企业有多强的学习力。这就像我们观察一棵大树的生长情况一样，不能只看到大树郁郁葱葱、果实累累的美好外表，因为无论有多么美的外表，如果大树的根已经烂掉，那么眼前的这些繁荣很快就会烟消云散。所以，一家企业短暂的辉煌并不能说明其有足以制胜的竞争力。学习力才是企业的生命之根，企业一定要精心培植自己的根，让自己的根越

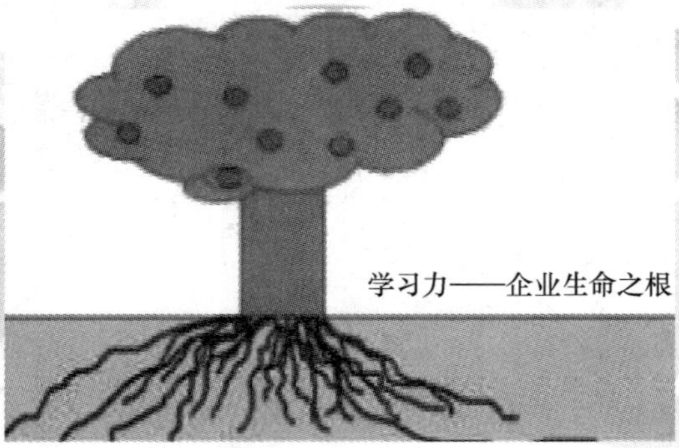


图 8—6　学习力的树根理论

来越深厚、越来越坚强，只有这样，才能在以后可能遭遇的种种风雨中挺立不倒。

综上，学习力是一个人或一家企业、一个组织学习的动力、毅力和能力的综合体现。一个聪明的企业领导对员工的评判标准不应仅仅是学历，更重要的是他是否具有足够强的学习力。

## 案例

### 雷军：坚持不懈、努力学习

小米的老总雷军，可以说就是距离我们身边最近的一个“学霸”代表了！雷军在 1987 年就顺利考上了武汉大学，当时这个学校要求只要修够了一定的学分，学生就可以毕业。雷军对自己要求很严格，他自愿选修了不少高年级的课程，仅仅用了两年时间就修完了所有学分，在此期间，他甚至还完成了大学的毕业设计！

在 2018 年初的时候，就在小米公司的年会上，包括雷军在内的小米高管打扮成学生的模样上台，这预示着小米公司学习氛围的营造或许已上升到战略执行阶段！而在电视上一闪而过的镜头中，雷军在这次会议上一直奋笔疾书做笔记和认真听讲的画面，更体现了长期坚持学习已成雷军的习惯，而这或许正是雷军成功的关键！

当然了，认真的人运气是不会太差的，雷军领导下的小米能取得优秀成绩，或许就是雷军长期坚持学习的结果！

## 第四节　如何提高学习力

员工的学习力已成为企业的软生产力，是企业创造财富的原动力。现代企业必须建立起一支学习型、知识型、创新型的员工队伍，而这样一支队伍的形成必须依赖于提高员工的学习力。企业应通过强化员工学习力来激活生产力、增强凝聚力、提升执行力、激活创造力，进而达到培育核心竞争力的目的。员工学习力的强弱，不仅表现在获取知识能力的强弱，还体现在通过学习来提高能力的强弱；不仅表现在从书本上学习知识能力的强弱，还体现在从实践中学习知识能力的强弱；不仅表现在对知识掌握的广度和深度，还体现在实际工作中对知识的运用。学习力的提升和积累是一个长期的过程，从学习力构成模型来看，提升员工学习力的途径和机制主要有以下方面：

第一，变革学习理念，树立自主导向的学习态度。员工应改变传统的学习理念，把学习作为一种工作。学习的任务是对所处环境和面对问题的认知和把握，是促使学习者身心高度愉悦的一种习惯。因而，要提升个人学习力，就必须首先彻底转变对学习本身的认识，在工作过程中把学习视为一种认知环境、认知变化、认知问题、解决问题的新观念；懂得在不同环境和问题下，其认知能力和解决问题的方式也要改变的学习原则；在学习活动中形成更加自觉、主动和高效的认知方式，做到“工作学习化，学习工作化”。

第二，建立目标激励体系，培养员工参加学习活动的积极性。要提升员工参与学习力，前提是使员工具有学习的欲望和动机，即要培养员工学习活动的积极性。对学习活动积极性的培养，关键是要建立相应的目标激励体系，一方面通过企业激励机制和目标管理机制提升员工的学习欲望和兴趣，另一方面通过工作岗位和任务的变动管理逐步培养员工的学习动机。在激活员工学习欲望和动机的基础上，引导员工从提升解决问题的能力入手，来实现个人学习能力的全面提升。要提高解决问题的能力，就必须有发现问题、分析问题、制定解决方案和选择解决方案的能力，而要达到此目的，员工就必须丰富自己的知识，掌握相关的知识和技能，不断改进学习策略和方法，实现学习力的全面提升。

第三，倡导积极进取的企业文化，营造良好的学习氛围。企业文化是在企业长期生产经营和发展过程中形成的管理思想、管理方式、管理理论、群体意识以及与之相适应的思维方式和行为规范的总和，其核心是企业价值观、企业精神、企业经营理念的培育，是企业员工思想素质的提高。由于企业文化具有导向、凝聚和激励等作用，因此通过倡导积极进取的企业文化可以营造良好的学习氛围，从而激发员工的学习动机，塑造员工的学习意志，增强员工的学习毅力，使员工的学习力不断得到提升。

第四，构建完善的培训机制，提高员工的学习能力和思考力。要提升员工的学习力，企业应构建完善的培训机制。企业应针对不同层次的员工设计不同的培训或教学内容，采取不同的培训方法，制定不同的培训目标和考核体系，力求员工主动参与企业组织的培训。通过岗位轮训、课题研究、技术攻关、脱产学习等多种形式，满足员工的培训需要，达到企业开发员工潜能的目的，提高员工的学习能力和思考力，使员工成为企业的资产，为企业创造更大的价值。

第五，创建学习型组织，积极推进团队学习。学习型组织是员工全身心投入并有能力学习的组织，员工通过学习与工作的组合，把形成的学习力转化为创造力，为企业发展提供永续不竭的动力。

## 阅读材料

### 7种方法助你练就超强的学习能力

不管你是读书学知识，还是学习其他任何一项技能，想要学得快、掌握得快，就需要拥有强大的学习能力。想要练就强大的学习能力，锻炼和提高以下7方面的能力是很有必要的。

**1. 锻炼专注力**

专注力（注意力）是做好任何事情的先决条件，如果做事的时候不能专注于要做的事情，那么这件事无论是完成速度还是完成质量一定都是达不到要求的。人在注意着什么的时候，就在感知着什么，记忆着什么，思考着什么或想象着什么。所以要想练就超强的学习能力，首先要锻炼自己的专注力（注意力）。

**2. 改善记忆力**

记忆力是学习知识的基础。记忆力不好的话，学习效率就会大打折扣。

一般来说，可以通过一定的训练，如阅读、写作、语言学习等方式来提高记忆能力。

**3. 训练管理时间的能力**

每个人每天的时间都是一样的，但每个人利用同样的时间所达成的结果却是千差万别的，这里面最重要的一环就在于如何管理自己的时间。

你可以制定切实可行的作息时间表，将它张贴在房间的显眼处。如果接连几天，你都无法依照预定时间作息，应找出原因并作调整。制定作息时间表的关键在于：结合自己的实际情况制定时间规则，觉得“自己做得来”则内在意识会比较乐意遵守。只要坚持一段时间，我们的时间管理能力自然会提高。

4. 培养有目标有计划学习的习惯

在生活中我们难免会经历挫折和困难，遇到种种阻碍。这时，合理的目标与计划就会给予我们克服困难、越过阻碍的力量。有了目标，学习会更有方向；有了计划，学习会更加有效率。

需要注意的是，制定目标和计划的时候要考虑到自身的实际情况，制订阶段性的、合理的计划，而不是遥不可及、不切实际的空想。

5. 训练阅读及理解的能力

有效阅读是所有学习能力的基础，特别是自学。阅读和理解的能力直接制约着你的学习效率和成果，所以“学会阅读”很重要。

在平时的阅读过程中，你要学会并养成有目的、有重点进行阅读的习惯，使我们在阅读时善于发现新重点、新问题、新观点和新材料。在读书的过程中或读完一本书的时候，要学着做点读书笔记，记录一下书本的脉络主旨、主要人物、事迹以及阅读感悟等，一些优美词句也可以摘抄一下。

另外，你也可以学习一下快速阅读，快速阅读是一种高效的学习方法。掌握快速阅读之后，在阅读文章、材料的时候可以快速地提取段落、文章的脉络和重点，促进整理归纳分析，提高阅读理解效率；同时，拥有很快的阅读速度，还可以节约大量的时间，让你能够游刃有余地安排好每天的学习和生活。

6. 思维能力

我们常说思维方式是一个人最珍贵的资源。那什么是思维呢？思维就是人脑凭记忆和想象对客观现实概括的、间接的反映。学习知识、巩固知识和运用知识，都离不开思维，因此，人们称思维是智力的核心。语言的理解与表达、事例的分析与判断、问题的推理与求解、文艺的创作与制作、科学的创造与发明，无一不依赖于思维。

你可以通过培养阅读、写作和思考的习惯，加强思维训练，学习并掌握新的思维方式等途径提高自己的思维能力。

### 7. 养成自我监控与评价的习惯

自我监控与评价最基本的方式是检视学习成果，其次是总结经验和教训。具体来讲，你应该在学习过程中定期做记录并检视，写下自己想要改善的问题，列出错误的地方，检视学习心得：我学会了哪些知识？掌握了什么技能或方法？我是怎样解决问题的？在解题中有没有什么遗漏或错误？将来如何避免？在日后的学习中要怎样做比较好？进行这些自我评价，会使我们逐渐意识到自己的优、缺点，找到出现具体问题的原因。

## 案例

### 王兴："学霸型"CEO是怎样炼成的

王兴，福建龙岩人，人人网创始人，饭否网总裁，美团网创始人、原CEO，摩拜单车董事长。1997年，他从龙岩一中被保送到清华大学电子工程系无线电专业，2001年毕业于清华大学。2003年放弃美国学业回国创立校内网，2006年校内网被千橡互动集团收购，2007年创办饭否网，2010年创办团购网站美团网。2015年，王兴在《财富》（中文版）40岁以下商界精英榜中排名第三。2015年11月10日，他出任大众点评、美团合并后新公司的CEO。2016年1月，他入围"2015中国十大经济年度人物"。2018年7月20日，《财富》杂志发布2018年"全球40位40岁以下商界精英"排行榜，王兴排名第三。

#### 一、王兴的学习能力

王兴好学，他的合伙人王慧文住在他家里的时候，看着一面书墙问王兴："这里面的书你看了多少？"王兴回答："差不多一半吧。"由此可见，王兴具有丰富的阅读量，但这并不是他唯一的学习途径。他的学习主要通过三种途径：一是实际工作中的感悟；二是从书本上获得；三是高水平的交流。

说到高水平的交流，王兴对参观公司很有兴趣，他先后参观过海尔、万科，也去过亚布力参加中国企业家年会，接触了很多企业家。他觉得，人家企业能够做到行业数一数二的水平，虽然现在因为技术变革而出现了一些问题，但它们的经营经验都是有可取之处的。比如，他就觉得万科的规划性非常强，企业已经做到了另一个境界。“有趣”是王兴的口头禅，谈到参观企业，他连说了几个“有趣”。

王兴花费了大量心血学习企业管理，不断和不同的人“聊天”。他与腾讯、百度、阿里巴巴的前首席运营官（COO）都交流过，这些COO经历了公司的创业期、高速增长期以及上市期，在交流中他从这些人身上学到了许多企业管理方面的知识。

他还求助于书本，学习通用电气的管理体系，学习精益思想，在学习中实践更新、更科学的价值观、战略、组织结构、目标、考核、激励、沟通等一系列企业经营管理体制。英特尔总裁安迪·格鲁斯、亚马逊创始人贝佐斯都是他学习的对象。

美团网的价值观可以概括为以下七点：以客户为中心、团队合作、拥抱变化、诚信、敬业、勤俭、学习成长。作为企业CEO，王兴将学习成长写进了美团网的价值观里。他说：“拥抱变化，就必须学习成长，持续学习新的东西。行业在变化，如果我不学习，我们就赢不了这个变化，不能引领变化，最终我们就做不到最重要的一条——以客户为中心，因为别人会有比你更好的方式满足客户。”

他对新生事物有很强的接受能力，有着对世界充满好奇的开放心态和强大的学习能力。他觉得美团网适合用零售管理的方式来做，就去研究零售管理。网站单子的排序跟百度凤巢系统相关，他也会去研究、理解凤巢系统。在他的带动下，美团公司内部负责编辑工作的员工也会学编程，做客服的员工也会进行技术研发。

对新生事物的好奇心、快速学习、快速接受、拥抱变化，是美团网这家年轻公司的企业文化优势。从管理两个人，到管理几千人，再到管理几万人，在此之前可能谁都不会相信王兴能够做到。王兴管理能力的飞速提高，都得益于他超强的学习能力。

## 二、王兴的深度学习

中国风投界久负盛名的“风投女王”徐新在一次采访中说：“王兴是一个深度学习的机器，因为互联网要求不一样，要求你要迅速捕捉机会，还要执行力特别强，而王兴的学习能力和学习速度是非常快的。”

作为美团 CEO，王兴深入学习研究了团购网站先驱 Groupon 公司。他把 Groupon 定位在了社交与商务的交叉点，这也同样是他给美团网的定位。

王兴的学习不是照搬。他了解到 Groupon 认为商家第一、消费者第二，在商家身上获取价值，毛利率高达 40%。在结合自身实际情况进行考量后他认为，美团网必须采用与 Groupon 相反的“消费者第一、商家第二、在消费者身上获取价值、低毛利”模式。在此基础上，2012 年，王兴提出团购的“三高三低”理论，即：高品质，低价格；高效率，低成本；高科技，低毛利。

王兴对已有的团购网站进行学习研究后，并没有“一叶障目，不见泰山”，而是跳出整个团购行业，站在互联网的营销模式层面来看团购，并逐步厘清了团购的营利模式：按互联网营销的发展阶段来划分，第一阶段即门户网站，营利模式是展示广告，目标客户是能够投放昂贵广告的大企业；第二阶段是搜索引擎，同样是通过广告营利，搜索引擎能更多地服务中小型企业，只要你有几万块钱就能买关键词、做广告，一下子将投放门槛儿降低了很多，精准度也高了很多；第三阶段就是团购网站，通过交易来对消费者进行更精准的推广，服务的商家都是本地的小型企业。这种营销结构就构成了互联网营销的金字塔模型：塔基是团购服务的商家，塔尖是门户网站服务的商家，中间是搜索引擎服务的商家。王兴对团购营利模式的看法成为了美团网运营理论的根基，此后，在国内各家团购网站的“千团混战”中，美团网始终走在一条正确的路上，没有犯方向性的大错。

可以说，王兴是一个“学霸”，也是一个经过自我训练而形成一套自己思维方式的人；他是一个好学的人，对世界充满好奇，也是一个常把“有趣”挂在嘴边的人；他还是一个“好战”的人，他经历了团购网站的“千团大战”而更加强大；他斗阿里、战携程、挑滴滴、收摩拜，他说美团无边界；他对未来有信心，对现在有耐心。

## 职业活动训练

1. 学习能力测试

一位失明人士被人偷去皮包，警方抓捕了四个可疑人物，受害者立即认出贼人。那么，你知道他是谁吗？

A. 会计文员：“不是我干的！”

B. 家庭主妇：“我有很多钱，为什么要去偷呀？”

C. 教师：“我为人师表，怎会偷别人的东西？”

D. 售货员：“我刚与朋友在餐厅吃炸洋葱圈！”

你的答案是（　　）。

2. 请你用一个 3 升和一个 5 升的杯子（没有刻度）取 4 升水（水可以无限取），你会如何操作？

注：扫描封底二维码，查看职业活动训练结果分析。

## 思考题

1. 你曾经在学校里勤工俭学或在校外做兼职吗？在这个过程中你学到了什么？

2. 你觉得大学期间学习的关键点是什么？

3. 你是怎样有意识提高自己的工作技能、知识和能力的？

# 第九章
# 创新能力

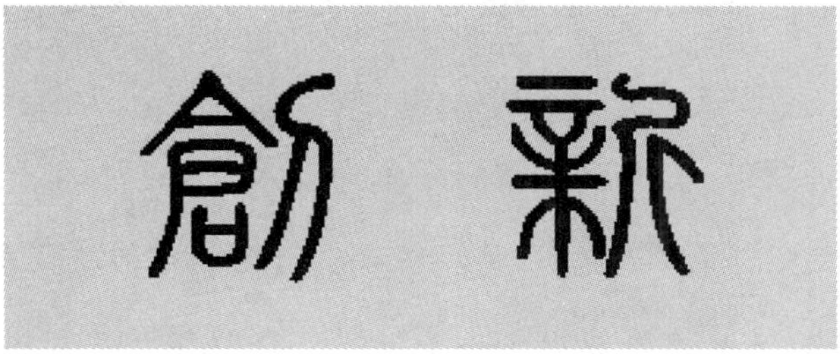

所谓优秀学生就是要有创新。没有创新，死记硬背，考试成绩再好也不是优秀学生。

——钱学森

**学习要点**

☆ 创新能力的内涵

☆ 如何培养创新意识和创新思维

☆ 如何培养员工的创新能力

## 阅读材料

### 人人皆可创新

面对人民日益增长的美好生活需要，我们必须把创新摆在国家发展全局的核心位置。但有人认为创新是年轻人的事情，也有人觉得只有科技工作者才具备创新能力。事实上，人人皆可创新。《国家创新指数报告 2016—2017》显示：我国国内发明专利申请量达 96.8 万件、授权 26.3 万件，居世界第一位。这其中固然有大量成果是科技工作者完成的，但也有不少是各行各业的普通从业者完成的。

习近平总书记指出：“哲学社会科学创新可大可小，揭示一条规律是创新，提出一种学说是创新，阐明一个道理是创新，创造一种解决问题的办法也是创新。”可以说，这一重要论述适用于各个领域。创新具有丰富内涵和多样形式，只要能突破陈规、有所推进，无论大小都可以称得上是创新。生活从不眷顾因循守旧、满足现状者，从不等待不思进取、坐享其成者，而是将更多机遇留给勇于和善于创新的人。只要积极进取、敢想敢做，就能进行不同程度、不同类型的创新。

创新不唯年龄。年轻意味着思想活跃、易于接受新鲜事物，尤其是在“互联网+”条件下，确实有一大批年轻人登上创业创新舞台，但创新并不只是年轻人的事。“蛟龙号”载人深潜项目总设计师徐芑南，66 岁重返工作岗位，77 岁评上院士，81 岁仍在不断创造中国载人深潜新纪录。当今社会，不仅在载人深潜、航空航天、高铁等领域，而且在金融投资、新兴产业等领域，都有像徐芑南这样的老一辈佼佼者。他们经验丰富、见闻广博，往往更能抓住事物的要害，在很多关键岗位上发挥着举足轻重的作用。

创新不唯学历。学历代表的是人们的受教育程度，而不一定是实际工作能力。农民工赵正义只有初中文化程度，但他苦心钻研15年，发明了高效、节能、环保的新型塔基，并获得国家科学技术进步二等奖。这样的人和事还有很多。一些人由于各种原因，错失了到大学深造的机会，但他们从未放弃学习，而是一直努力汲取新知识，不断提高解决实际问题的能力，他们同样具有出类拔萃的创新能力。

创新不唯职业。广大知识分子堪称创新的主力军，但创新是全方位、多层次、宽领域的，工人、农民等各类群体中也涌现出大量创新人才。“抓斗大王”包起帆立足本职岗位、勇于开拓创新，走上了世界工程技术的最高领奖台。“金牌工人”许振超，从一名普通工人自学成为“桥吊专家”，练就“一钩准”“一钩净”“无声响操作”等绝活，先后6次打破集装箱装卸世界纪录，使“振超效率”闻名遐迩。

三百六十行，行行出状元。一个人不论年龄、身份和教育背景如何，只要有一定专业知识或专门技能就能进行创新，为社会发展进步做出贡献。中国特色社会主义进入新时代，为各类人才创新提供了更为广阔的舞台和难得的机遇。当前，我国创新创造能力还不能满足经济社会发展需求，与发达国家相比仍有较大差距。我们要不拘一格选才、育才、用才，让每一个有志成才的人都有创新空间，形成人人皆可创新、人人尽展其才的生动局面。同时，要坚持尊重劳动、尊重知识、尊重人才、尊重创造的方针，让每一个为国家和人民做出创新性贡献的人都能得到物质回报、精神激励。

当今世界的竞争首要的是人才的竞争。而人的才能中，创新思维和创新能力是非常重要的。创新能力是人才的本质特征和核心能力，创新素质是人的素质中最具价值的一个部分。

## 第一节　认识创新能力

创新能力是在前人发现或发明的基础上，通过自身的努力，创造性地提出新的发现、发明和新的改进、革新方案的能力。创新能力由多种能力构成，包括学习能力、分析能力、综合能力、想象能力、批判能力、创造能力以及整合多种能力的能力。

### 一、何为创新能力

创新能力（innovation ability），又称创新力，是指人在顺利完成以原有知识经验为基础创建新事物活动中表现出来的潜在心理品质，是人类能力中层次最高的一种能力，是突破现状、独辟蹊径、勇于超越的能力和魄力。创新能力有综合独特性、结构优化性等特征。从本质上来说，创新能力本身就是一种创造能力。可以说，创新能力是能够创造出具有社会价值的新理论和新事物的各种心理特点的综合，主要包括创造性思维与创造性想象，而以创造性思维为创造性心理的核心。

说到创新能力，就不得不提及创造力和创新精神。创造力是个体具备的一种革新、推陈出新的能力，它是个体的一种思维方式和能力，是一个人的认识能力、工作态度和个性特征的综合表现，是个体发散性思维的流畅性、变通性、独创性的综合体现。而创新精神反映的是人的人格或个性特点，是指人的主观意愿和思想倾向。相对于墨守成规，创新精神是指具有求新求异的意识并主动致力于革新的一种心理活动倾向。它讲求的是不断超越、不断进取、不停留在一个水平上，讲求的是永远保持热情与活力。创造力与创新精神关系密切，常有人将两者等同视之，认为创造力就是创新精神，创新精神就是创造力。其实，两者要完美结合，才是我们所追求的真正的创新能力。

## 二、创新能力的构成

一般来说，创新能力由一般创新能力、知识经验、特殊创新能力、非智力因素四大要素共同组成，如图 9—1 所示。这四大要素相互作用、相互影响，决定了创新能力的总水平。

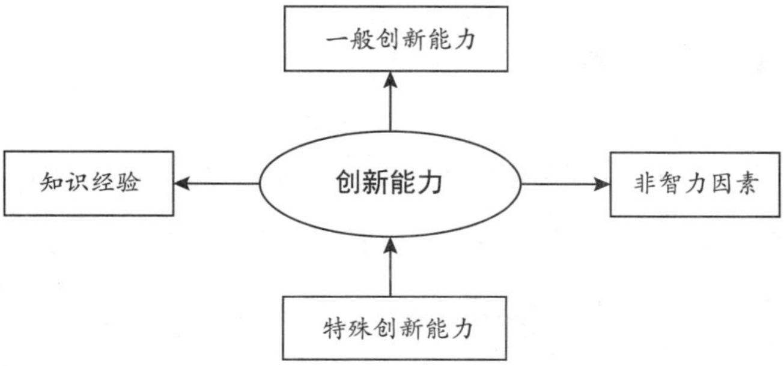


图 9—1　创新能力构成要素

构成创新能力的四大要素对应着不同的层次。具体来说，知识经验是一般创新能力、特殊创新能力和非智力因素的基础。从知识经验的类别来划分，可以划分为一般知识经验、专业知识经验、创新知识经验。其中，创新知识经验是关于创新研究领域的知识，包括创新的各种理论及个体的创新活动经验。

一般创新能力是创造活动获得理想成果的决定性因素，代表着创新主体最为普遍的创新能力，影响着所有创新活动，无论哪一个领域、哪一个层次的创造都离不开它。一般创新能力的水平影响着创新主体的创新能力，一般创新能力水平越高，创新主体越有可能在多个领域表现出创新能力。一般创新能力由创新思维、创新风格、一般智力、创造工程能力构成。

特殊创新能力是创新能力构成要素的重要内容，是创新活动的必要条件。特殊创新能力包括从事特定活动所必需的特殊能力和专业技能，如科研活动中必须具备的创新思维和创新能力。个人的先天素质、后天教育和社会实践都与特殊创新能力的形成有密切关系。特殊创新能力的普遍性低于一般创新能力和知识经验。

非智力因素是创新能力构成要素的重要组成部分。它有广义和狭义之分，广义的非智力因素指一切智力因素之外的心理因素；狭义的非智力因素指直接影响和制约智力因素发展的意向性因素，包括动机、意识、兴趣、情感、意志、性格等。非智力因素是特殊的，它与创造的个别活动有关。例如，动机就是主体进行创新的内在动力，对于推动主体主动进行创新活动有着巨大作用。

## 三、创新能力的种类

按创新能力的整体结构划分，创新能力可以分为三对各自独立并相互联系、相互对应的结构因素，即思维创新能力和形象创新能力、抽象创新能力和具体创新能力、理论创新能力和技术创新能力，如图 9—2 所示。

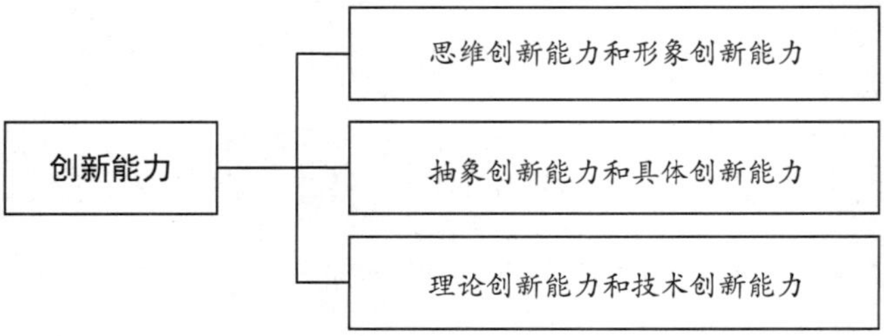


图 9—2　创新能力的种类

第一，思维创新能力和形象创新能力。思维创新能力，也称为创造性思维能力，它是创新能力整体结构的核心。创造性思维能力的核心作用体现在它影响着一切创新能力的产生和发展。因此，提高个体的创新能力，首先必须培养个体的创造性思维，进而有效地开发思维创新能力。创造性思维能力是个体通过一系列的思维过程，新颖、独创、科学地解决问题的能力。而形象创新能力，是指依靠直观形象进行创新的能力。形象创新能力分为两种，一种是以现实存在为基础，在个体头脑中的直观形象反映，也就是再造性形象创新能力；另一种是经过个体自身的分析与综合、构思与塑造，创造出的典型化形象及现实中不存在的想象物，也就是创造性形象创新能力。

第二，抽象创新能力和具体创新能力。抽象创新能力，是指通过科学的概念、判断、推理等过程，运用抽象思维能力，掌握事物本质和规律的创新能力。在创新能力培养中，抽象创新能力的培养极其重要，它可以使人深刻认识客观事物的本质，使创新成果更加深刻和高级。抽象创新能力的高低，决定着个体能否在创新活动中敏捷地区别出事物的真相与假象，能否区别客观事物的基础和派生，能否抓住事物的本质联系与矛盾，使其对具体事物的认识理论化。抽象思维能力的发展与个体的年龄是成正比的，随着年龄的增长，抽象思维的能力会越强。抽象思维的发展水平，影响着创新能力的产生，同时也是衡量学生学习水平的重要指标。因此，创新教育中，教育者需要从抽象思维出发培养受教育者的创新能力，开发和提高受教育者的抽象创新能力。具体创新能力，是指从感性具体开始的，经过创造达到理性具体认识的创新能力。在具体创新能力作用的过程中，存在着两条不同的认识道路，一条是从感性具体上升到抽象；另一条是由抽象上升到理性的具体，即思维的具体。

第三，理论创新能力和技术创新能力。理论创新能力是以实际经验为基础，通过逻辑或非逻辑思维工具的运用，使思维与实践发生联系，从而认识事物的内在本质和一般规律的能力。理论创新能力与抽象创新能力有一定相似度，目的都是要认识事物的内在本质和一般规律，但理论创新能力较抽象创新能力更为高级，它是以一系列抽象的概念、判断、推理等为创造内容的。技术创新能力是一个综合性的能力系统，由若干要素构成。李荣平等学者认为，“其创新主体以市场为导向，在整合技术创新系统各构成要素的基础上，创造出更先进的生产力，取得现实最佳的经济效果，更好地实现技术创新战略目标的本领”。简单来说，技术创新能力的结果就是创造出新技术、新物质、新产品，这些技术或产品都具有新颖性，是以市场为导向的，具有实用价值，可以满足社会需要，有良好的经济效果。

## 测试 14

### 你的创新能力怎样？

创新能力是决定一个人成败的重要因素之一。你的创新能力怎样？来做一下测验吧（见表9—1）！打“√”表示“是”，打“×”表示“否”。

表9—1　测测你的创新能力

| | 题目 | 答案 | 得分 |
|---|---|---|---|
| 1 | 你经常留意一些新的想法吗？ | | |
| 2 | 你在沿用老方法做事时，是否会觉得枯燥？ | | |
| 3 | 工作条件有新的改善时，你内心是否会感到满足？ | | |
| 4 | 你是否害怕出错？ | | |
| 5 | 你担心自己看起来不够精明吗？ | | |
| 6 | 你乐于接受新的理念吗？ | | |
| 7 | 当你的构想受到批评，你会觉得愤慨吗？ | | |
| 8 | 你乐于接受别人的构想吗？ | | |
| 9 | 你喜欢用与众不同的方法去解决问题吗？ | | |
| 10 | 在遇到困难时，你容易气馁吗？ | | |
| 11 | 缺乏资源会使你的工作受到妨碍吗？ | | |
| 12 | 在解决问题时，你是否重视使用传统的方法？ | | |
| 13 | 你喜欢恬静的自在生活而不喜欢迎接挑战吗？ | | |
| 14 | 你觉得对既有的惯例提出批评，并非你该做的吗？ | | |
| 15 | 你会害怕始料不及的状况出现吗？ | | |
| 16 | 你会不相信自己或别人的直觉吗？ | | |
| 17 | 你觉得你很难接受失序或混乱吗？ | | |
| 18 | 你不喜欢复杂的事物吗？ | | |
| 19 | 你怕给别人带来压迫感吗？ | | |
| 20 | 你不喜欢表达自己的意见吗？ | | |

续表

| | 题目 | 答案 | 得分 |
|---|---|---|---|
| 21 | 你害怕别人嘲笑你的想法吗？ | | |
| 22 | 别人恶意的批评很快就会使你气馁吗？ | | |
| 23 | 你不容易做广泛的思考吗？ | | |
| 24 | 你能否对计划的可行性进行判断？ | | |
| 25 | 你为自己定下革新的目标了吗？ | | |
| 26 | 在你所负责的领域之内，你同时有好几个构想吗？ | | |
| 27 | 你善于鼓励员工激发创造力吗？ | | |
| 28 | 你曾经召开团体会议以挖掘问题吗？ | | |
| 29 | 你经常鼓励部属交换意见吗？ | | |
| 30 | 你善于增进团体里融洽、轻松的气氛以使成员更具有创造力吗？ | | |
| 31 | 你很明显地表现出自己对创造力的重视吗？ | | |
| 32 | 你能对做出了创造性贡献的员工适当地加以奖赏吗？ | | |
| 33 | 你鼓励员工与其他的工作群一起工作以发展出新的方法吗？ | | |
| 34 | 你会鼓励员工在需要帮助的时候主动提出吗？ | | |
| 35 | 你会以组织的其他部门来刺激员工的想法吗？ | | |
| 36 | 你会将员工提出的构想提交给更高的领导层吗？ | | |
| 37 | 你会保护自己的员工以防止别人的中伤吗？ | | |
| 38 | 你会在公司内培养有创造力的人吗？ | | |
| 39 | 你曾邀请专家来公司开展讲座吗？ | | |
| 40 | 在过去的一年里，你至少实施了六件新构想吗？ | | |
| 合计 | | | |

注：扫描封底二维码，查看测试结果分析。

# 第二节　培育创新意识

创新是进步的源泉，也是发展的动力。创新意识是进行创新的前提和关键。没有创新意识的人难以产生创造性思维、掌握创新方法和获得创新成果。任何的因循守旧、思想僵化，往往源于人的思维定式，而创新就是要打破这种思维定式。那么如何培育创新意识，突破思维定式呢？

## 一、何为思维定式

思维定式，也称惯性思维，是指人们从事某项心理活动的一种心理准备状态，是人们长期形成的一种习惯思维方向。人们心理上的这种思维定式，对人们的生产、生活的作用具有两面性：在环境不变的条件下，思维定式有助于人们迅速解决问题；当情景发生变化，思维定式则会阻碍人们采用新的解决方法。

其实在我们生活中，体现出思维定式的例子很多。在泰国，随处可见当地人用一段细细的链子就能拴住一头千斤重的大象。这是因为他们在大象还小的时候，就用一条铁链将它绑在水泥柱或钢柱上，无论小象怎么挣扎都无法挣脱。渐渐地，小象脑中便形成了思维定式：铁链无法挣脱。就算它成长为可以轻易挣脱铁链的大象，但它受限于小时候产生的思维定式，也不会尝试挣脱铁链了。很多人在工作、生活中同样是被思维定式这条“铁链”束缚了，导致因循守旧、终生碌碌无为。

这也是我们要不断学习新知识、新观念的原因之一。当代社会是不断发展的，我们必须抓住时代的机遇，谋求新的发展。

思维定式是由一系列心理活动所形成的一种思维准备状态，当我们从事创造性活动时，思维定式常常成为人们发挥创造性思维的障碍。思维定式有很多种类，其中常见的种类有权威定式、经验定式、书本定式、从众定式四种，如图 9—3 所示。

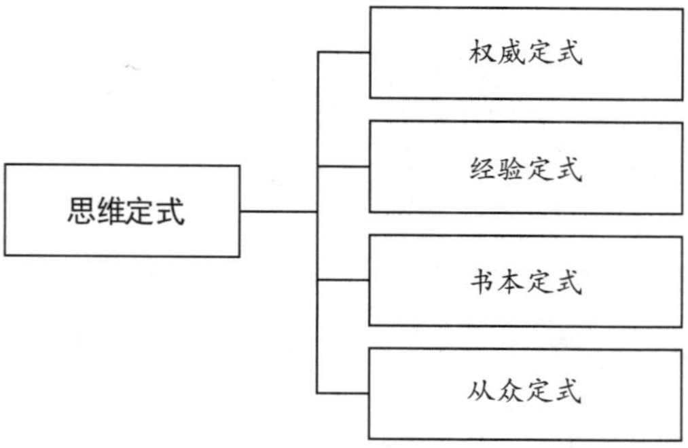


图 9—3　思维定式的种类

### 1. 权威定式

权威定式是处理一切问题时都必须以权威作为判断是非唯一标准的思维习惯、程式，是思维惰性的表现，是对权威的迷信、崇拜与夸大，属于权威的泛化。权威定式表现为人们对权威人士的言行的一种不自觉的认同和盲从。权威定式的形成有两种途径，一是从儿童到成年的过程中所接受的教育权威，二是由于社会分工的不同和知识技能的差异而形成的专业权威。

权威定式不是天生固有的，而是经历长期过程才逐步建立起来的，是外界权威对人类思维的一种制约。人从出生到长大，一直接受这样的教育：在家听父母的，在学校听老师的，在单位听领导的。这种“听话式”教育也不自觉中给我们灌输了权威意识。

### 2. 经验定式

经验定式是人们在日积月累的活动中产生的经验教训和思维规律。这种思维定式通常表现为人们在处理新问题时不注意事物的新信息和偶然性，习惯按照自己已有的经验去做事。例如，有位女孩在跟妈妈学做菜。她发现妈妈在切香肠时，总是将香肠的头尾去掉。她很奇怪，问妈妈为什么。妈妈说：“你外婆这样做，我也跟着这样做，不知道为什么，你去问外婆好了。”女孩便拨通了外婆的电话。外婆告诉她：“因为从前我们家烤箱的盘子太小，必须将香肠掐头去尾才能放进烤箱。”

经验定式是理解、处理问题时不由自主地按照以往经验去处理的一种思维习惯，陷入经验定式的人容易把经验绝对化、夸大化，患上了“狗鱼综合征”。“狗鱼综合征”源于科学家所做的一个实验：把狗鱼和小鱼放在同一个玻璃缸里，在两者中间隔上一层透明玻璃。狗鱼一开始就试图攻击小鱼，但是每次都撞在玻璃上。慢慢地，它放弃了攻击。后来，实验人员拿走了中间的玻璃，这时狗鱼仍没有攻击小鱼的行为。“狗鱼综合征”的特点是：对差别视而不见，自以为无所不知，滥用经验，墨守成规，拒绝考虑其他的可能性，缺乏在压力下采取行动的能力。

**3. 书本定式**

书本定式是指人们看问题做事情习惯于照搬书本知识，徒读父书，而不去关注和研究现实，实质上就是教条主义、本本主义。其特点在于把书本、理论当教条，思想僵化，轻视实践，割裂理论与实践的辩证统一关系。书本定式的不良表现是人对书本知识的完全认同和盲从。

实际上，很多书本知识并非不能怀疑、放之四海而皆准的绝对真理，而是仅适用于某种特定环境的相对真理，因此不假思考地盲信书本知识是不可取的。例如，英国天文工作者勒莫尼亚曾先后12次观测到天王星，但他受限于书本定式，盲信当时著作中土星是太阳系边界的理论，最终错失了发现新行星的机会。因此，在学习和应用书本知识的过程中，我们一定不能陷入“书本定式”的误区，变成一台呆板的“留声机”。

**4. 从众定式**

从众定式是指人们不假思索地盲从众人的认知与行为。常常表现为服从众人、顺从大伙，别人怎么想、我也怎么想，别人怎么做、我也怎么做。有这样一个故事：两个人在步行街做恶作剧，他们在街上貌似恐慌地奔跑；不一会儿，周围不明真相的路人也一个一个开始跑起来；不久后，越来越多的人开始恐慌地一起跑，甚至险些引发踩踏事故。

为什么后来的人也会不由自主地跟着跑？后来有记者问这些奔跑的人为什么奔跑，他们的回答听起来十分滑稽：因为看见别人在跑。

别人怎么做、自己也怎么做，别人怎么想、自己也怎么想的思维模式，就是一种最典型的从众定式。

## 二、如何突破思维定式

要想培养创新意识，我们就应突破思维定式的限制。突破思维定式需要一种创新的思维方法，这在创新活动中有着极为重要的价值。突破思维定式，有助于我们打破原有旧框框的束缚，有助于我们发挥想象力和创造力，打开新思路，产生新思想和新方法。

想要突破思维定式，我们可以通过以下三种方法：

第一，加强学习。造成思维定式很重要的原因就是一个人看待事物的角度过于狭隘，思维过于死板。通过学习，我们可以增长见识，开阔视野，丰富自己的知识储备，从而摒弃狭隘死板的思维定式。

第二，找到积极正面的动机。很多时候人之所以无法突破思维定式，不是因为智力上的缺陷或知识储备的不足，而是因为缺乏打破定式的动力和积极性。突破思维定式需要充分发挥人的主观能动性，充分调动人的积极性。这就需要人拥有一个积极正面的动机，赋予自己一个打破桎梏、力求创新的原动力。

第三，敢于冒险。很多人陷入思维定式是因为他们内心安于现状，是从主观上不想承担风险，于是就用思维定式所营造的藩篱将自己与变化的世界隔离开来。要想克服这种思想，就必须具有风险意识，具备一定的冒险精神，敢于尝鲜；不拘泥于固有的思维，大胆尝试多种可能性。

**案例**

### 阿西莫夫的智商——惯性思维

阿西莫夫是美籍俄国人，世界著名的科普作家。他曾经讲过这样一个关于自己的故事。

他从小就很聪明，年轻时多次参加“智商测试”，得分总在160左右，属于“天赋极高”之人。有一次，他遇到了一位汽车修理工，那位修理工是他的老熟人。修理工对阿西莫夫说：“嗨，博士，我来考考你的智力，出一道思考题，看你能不能正确回答。”阿西莫夫点头同意。修理工便开始出题：“有一位聋哑人，想买几枚钉子，就来到五金商店，对售货员做了这样一个手势：左手食指立在柜台上，右手握拳做出敲击的样子。售货员见状，先给他拿来一把锤子，聋哑人摇摇头。于是售货员明白了，他想买的是钉子。聋哑人买好了钉子，刚走出商店，接着进来一位盲人。这位盲人想要一把剪刀，请问，盲人将会怎么做？”阿西莫夫顺口答道：“盲人肯定会这样——”他伸出食指和中指，做出剪刀的形状。听了阿西莫夫的回答，汽车修理工开心地笑起来：“哈哈，答错了吧！盲人想买剪刀，只需要开口说‘我买剪刀’就行了，他干吗要做手势啊？”

## 三、培育创新意识

创新意识是人类意识中的一种积极的、富有成果性的表现形式，是人们进行创新活动的出发点和内在动力。人们要进行创新活动，首先还是要培育自己的创新意识。一般而言，创新意识的种类主要分为四种，即求新求异意识、求真求实意识、不断求变意识、问题导向意识，如图9—4所示。

### 1. 求新求异意识

创新意识的基础就是求新求异。众所周知，一件产品只有在具有新颖性和独创性的前提下才能被称为创新产品，而新颖性和独创性就源于求新求异的意识。新颖性主要是相对以往历史而言的，是指达到前所未有的状态，是一种纵向比较；而独创性是指不同凡响、别出心裁，这是相对其他人而言的，是一种横向比较。创造的产品可以是一种新概念、新发现、新理论或新设想，也可以是一种新技术、新工艺或新产品。不过无论是知识创新还是技术创新，都必须基于求新求异的意识，都必须有新颖性和独特性。

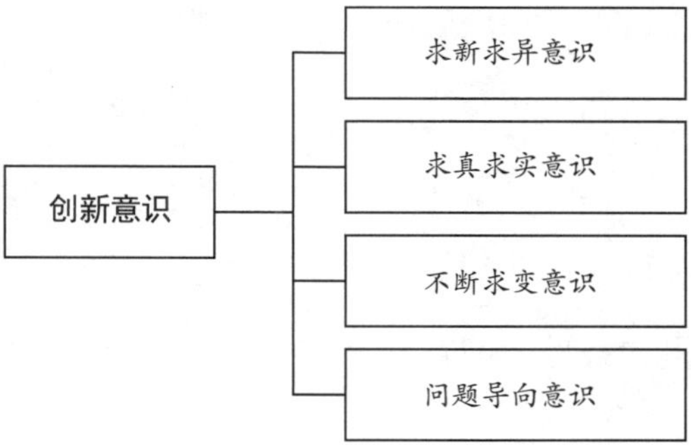

图 9—4　创新意识的种类

**2. 求真求实意识**

在求新求异的基础上，创新意识还必须做到求真求实。要使创新活动富有价值，很重要的一点就是要使所有创新活动的开展符合客观规律。寻找事物的客观规律，按规律办事的过程，就是求真求实的过程。创新离不开求真求实，脱离客观规律，盲目求新求异的创新活动是注定要失败的。

**3. 不断求变意识**

创新意识不仅要求真求实，更要不断求变。这里的变，即变革的意思。科学创新是离不开求变的。众所周知，科学真理并非一经建立就永恒不变。科学发展本身就是不断发现错误、排除错误，最后一步一步逼近正确认识的永无止境的过程，是要不断破旧立新、推陈出新的过程。因此，科学创新本身就是一个不断变革的过程，创新意识自然也就包含着强烈的求变意识。

**4. 问题导向意识**

创新意识本身就是一种问题导向意识。培养良好的问题导向意识是强化创新意识的有效途径。有良好问题导向意识的人善于提出新问题，并能解决新问题。如用已有的途径和现成的答案得不出圆满的结果的话，就必须要用新的事实或道理来加以解决。一旦新的事实被揭示出来，新的道理被阐发出来，创新也就水到渠成。所以，对具有问题导向意识的人来说，对于前人未发现和未提过的问题，只怕无不怕有，只怕少不怕多。

可以说，创新意识是一切创新活动的起点。创新意识是引起创造性思维的前提和条件，创新性思维是创新意识的必然结果。

## 第三节 培养创新思维

创新思维是当下每个人都应该培养和具备的思维能力，它很大程度上决定了你的未来发展。因为常规的思考和做事我们谁都会，但是以超常规或者反常规的视角去思考和处理问题的能力就不是每个人都具备的。那么，什么是创新思维？创新思维该如何培养呢？

### 一、何为创新思维

创新思维是人类在探知未知领域的过程中，充分发挥认识的能动作用，突破固定的思维定式，以新颖、多维的角度来探求事物内在机理的思维活动。通俗来讲，创新思维就是想出新办法，对问题产生新认识。简言之，创新思维是以新的方式解决问题的思维活动，是创新活动中的思维活动。

创新思维的本质在于"新"，即寻求独特的创新方式，而不是简单重复，更不是墨守成规。创新思维就是以新的思路解决新的问题或者探索未知领域，并取得新的成果。创新思维主要有 4 个特点，即独创性、扩散性、跨越性和批判性，如图 9—5 所示。

第一，独创性。创新思维要求在一定范围内具有开拓性、首创性，具有"前无古人"的独创之处。这就要求在前人、常人没有涉足、不敢前往的领域

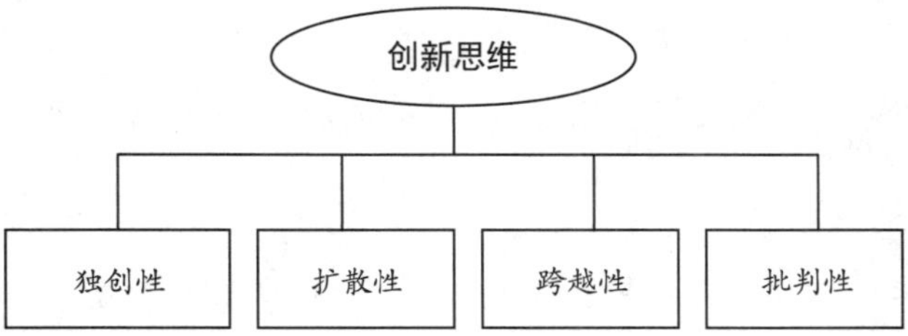


图 9—5　创新思维的特点

“开拓”出一片新的天地，要站在前人或者常人的肩上再往前一步，而不是在前人、常人已有的成就面前仿效、踏步不前或是被司空见惯的事物或现象所迷惑。因此，创新思维就是一种独创、一种突破。

第二，扩散性。扩散性指的是不受任何条件的约束，思路开阔，不受固有模式的限制，在想象的宇宙中任意驰骋，捕捉新思想甚至把彼此毫不相关的事物联系在一起，从而产生新的概念，它与按图索骥、削足适履完全不同。因此，创新思维需要突破传统束缚，敢于从新的角度去思考问题。

第三，跨越性。跨越性就是反常性，就是超出常规，超越一般的逻辑推导规则和通常的实践进程，打破常规、另辟蹊径，走出新路子。具有跨越性表明创新思维是一种突发性的非常规思维，是不合常规的逻辑思维方式和违反常规解决问题的方法。

第四，批判性。批判性是指能够主动否定自己，打破自我框框，敢于和善于检查，放弃自己的各种错误，推倒重来。同时不可人云亦云，一定要坚持实事求是。

## 案例

### 用创新思维解决机场顾客行李投诉

关于创新，这里有一个故事可以清晰地展示创新对公司的重要性，以及公司对创新需求的无奈与紧迫性……

在美国乔治布什洲际机场，乘客下了飞机后，走到行李处只需1分钟，而等待行李却需要7分钟，乘客由于等待时间过长，常常向机场投诉。

面对顾客投诉，机场陷入两难境地，究竟该怎么办？增加工作人员，虽然可以减少行李搬运时间，但显然会加重公司负担。美国管理学家斯蒂芬·罗宾斯经过实地考察后，向机场提出了一个建议：加长出口与行李处的距离，再将顾客的行李按新的特定路线送到行李处。

机场按照建议进行改建后，客人下飞机需要走6分钟才能到达行李处，再需要花费2分钟取行李。同样是8分钟，前者为乘客考虑却遭到投诉，后者花费乘客时间却解决了顾客投诉问题。

## 二、七大创新思维

创新思维源于人们的生活实践，又在生活实践中不断丰富发展。创新思维主要有7种类型，包括发散思维、逆向思维、收敛思维、联想思维、离散思维、类比思维和置换思维，如图9—6所示。

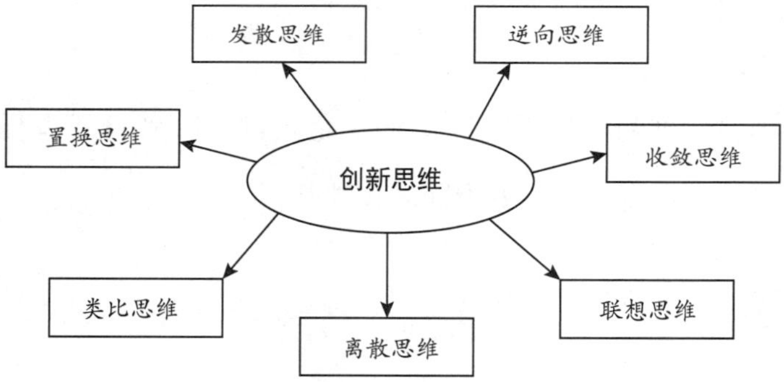


图9—6 创新思维的种类

### 1. 发散思维：想得多、想得散和想得奇

发散思维，又称为辐射思维、放射思维、扩散思维或求异思维，是指大脑

在思维时呈现的一种扩散状态的思维模式，它表现为思维视野广阔，思维呈现出多维发散状。发散思维最早是由美国心理学家吉尔福特于1967年在《人类智力的本质》中提出的，发散思维是从给予的信息中产生信息，其模式是“从一到多”，有人形象地将发散思维描述为夜空中怒放的礼花，如太阳光芒四射。

发散思维法是对同一问题，从不同方向、不同途径和不同角度去设想以探求多种答案，最终使问题得到圆满解决的思维方法。具体来说，发散思维有四个构成要素：第一，发散的起点。发散的起点可能是一个点子或一条线索，也可能是已经确定的方式、方法、规则和范围等已有的信息。第二，发散方式。发散方式是在对某一问题或事物的思考过程中，不拘泥于一点或一条线索，不受已经确定的方式、方法、规则和范围等的约束，从不同的思维视角、不同的思路、不同的途径去想象，从仅有的信息中尽可能地向多个方向扩散。第三，发散过程。发散过程就像树枝不断向上生长一样，一节一节地生长出来，思维呈现出多维发散状，表现为思维视野广阔。第四，思维结果。思维结果指从这种扩散的思考中求得解决问题的非常规的各种设想、各种各样的方法。

可以说，发散思维是多方向、多思路、多角度的思考，不局限于既有的理解，从而提出新问题、探索新知识或发现多种解答和多种结果的思维方式。

**2. 逆向思维：把事情倒过来看**

逆向思维，又称反向思维，是指突破常规考虑问题的固定思维模式，采取与一般习惯相反的方向进行思考、分析的思维方式。通俗地讲，就是倒过来想问题，即从反面（对立面）提出问题和思索问题的思维过程。这种思维用绝大多数人没有想到的思维方式去思考问题，实际上就是以“出奇”去达到“制胜”。因此，逆向思维的结果常常会令人大吃一惊，或是喜出望外。

著名科学家伽利略说过，“科学是在不断改变思维角度的探索中前进的”。而逆向思维正是一种克服思维定式、另辟思维蹊径的有效方法。当人们对某种事物习以为常，如果思维倒转，反过来理解事物的另外一面，往往会产生新的认识成果。所以逆向思维就是要“反过来想一想”“反其道而行之”。例如，司马光砸缸就是逆向思维。有人落水，常规的思维模式是“救人离水”，而司马光面对紧急险情运用了逆向思维，果断地用石头把缸砸破，“让水离人”，救了小伙伴性命。

逆向思维有两大鲜明特点：一种是突出的创新性。它以反传统、反常规的方式提出、分析和解决问题，所以它提出的和解决的问题令人耳目一新。另一种是反常的发明性。逆向思维是以反习惯性的方式来思考发明创造的问题，所以用常规方式无法做出的创造发明，往往用逆向思维就可以做出来。

**3. 收敛思维：思路向最佳方向发展**

收敛思维又称“聚合思维”“求同思维”，是指在解决问题的过程中，尽可能利用已有的知识和经验，把众多的信息和解题的可能性逐步引导到条理化的逻辑序列中去，最终得出一个合乎逻辑规范的结论。收敛思维最大的特点就是使思维始终集中于同一方向，使思维条理化、简明化、逻辑化、规律化。

收敛思维与发散思维，如同“一个钱币的两面”，是对立统一的。发散思维是为了解决某个问题，从这一问题出发，想的办法、途径越多越好，总是追求更多的办法。而收敛思维也是为了解决某一问题，在众多的现象、线索、信息中，沿着问题某一方向思考，根据已有的经验、知识或发散思维中针对问题的最好办法去得出最好的结论和最好的解决办法。如果说，发散思维是由“一到多”的话，那么，收敛思维则是由“多到一”。

收敛思维的另一种情况是先进行发散思维，越充分越好；然后在发散思维的基础上再进行集中，从若干种方案中选出一种最佳方案，同时注意将其他方案中的优点补充进来，加以完善，围绕这个最佳方案进行创造。洗衣机的发明就是如此，首先围绕“洗”这个关键问题，列出各种各样的洗涤方法，如洗衣板搓洗、用刷子刷洗、用棒槌敲打、在河中漂洗、用流水冲洗、用脚踩洗等，然后再进行收敛思维，对各种洗涤方法进行分析和综合，充分吸收各种方法的优点，结合现有的技术条件，制订出设计方案，然后再不断改进，发展为如今的洗衣机。

**4. 联想思维：触类旁通和举一反三**

联想思维是指人们将一种事物的形象与另一种事物的形象联系起来，探索它们之间共同的或类似的规律并以此解决问题的思维方式，是一种由此及彼的思维。提起联想思维，很多人会条件反射地想到“牛顿—苹果—万有引力”。牛顿从自然界中最常见的苹果落地这一现象联想到引力，又从引力联想到质量、速度、空间距离等因素，进而推导出力学的三大定律。这就是联想思维的成功应用。

根据联想思维的目的性，联想思维可分为自由联想法、强迫联想法和焦点法三种：

第一，自由联想法。这是一种主动自由的积极联想，属于探索性的联想方法，是由美国芝加哥大学的心理学家首先提出的。这些心理学家要求参加实验的人尽快想出许多相关概念，再从这些概念中选择出新的概念来。例如，提出“飞机”一词，就可以联想到机身、机翼、机尾与着陆装置等，还可以联想到飞机的原理、飞机发展的历史、飞机的用途、和飞机有关的人物等。这就是自由联想法。一般来说，自由联想愈丰富的人，做出创新的可能性也就愈大。

第二，强迫联想法。强迫联想法是由前苏联心理学家哥洛万斯和塔斯林茨提出来的，其办法是拿一本产品目录随意翻阅，在其中随机选择多个产品名称，充分发挥联想思维将其融合成一种新的产品。日本软银公司孙正义认为自己的成功得益于他早年在美国留学时的“每天一项发明”，那时候不管多忙，他每天会给自己5分钟的时间强迫自己想一项发明，他发明的办法非常奇特：从字典里随意找三个名词，接着想办法把这三个词组合成一个新东西。一年下来，竟然有250多项“发明”。在这些“发明”里，最重要的是“可以发声的多国语言翻译机”。这项发明后来以1亿日元的价格卖给了日本夏普公司，为孙正义赚到了创业的资本。孙正义用的方法其实就是强迫联想法。

第三，焦点法。焦点法是由美国学者怀廷提出的，是指人们将要认识的对象或要解决的问题作为“焦点”，通过相近联想、相似联想、对比联想等联想形式，把若干其他对象集中到这个“焦点”上，组成一个完整的联想思维过程，以便形成新的观念，或者寻求解决问题的最佳方法。

**5. 离散思维：把对象做复杂的系统分化**

离散思维法，是指通过把对象整体细分、离散、分散为有限或无限单元，从而产生出一种或多种解决问题的新思路的思维方式。例如，城市人口越来越多，交通越来越拥挤，为有效解决城市交通问题，我们可以通过修立交桥、造高架路、建地铁等离散思维方法疏散车流、人流，避免交通堵塞和瘫痪。

离散思维法的基本思路是分析，通过复杂的、系统的分化，开辟解决复杂问题的新思路。很多问题都可以采用离散思维法加以解决。比如，离散思维法可用于产品的创新和改进。我们可以把产品的特性按名词特性、形容词特性和动词特性进行分解，通过研究如何改变这些特性从而使产品变得更好。产品的名词特性是指产品的整体、部分和材料，产品的形容词特性是指产品的性质、形状和色彩等，产品的动词特性是指产品的功能。例如，对于水壶，通过列举上述特性，对各种特性分别加以改进，就可以组合成形状各异、色彩多样、功能各异（如煮水、保温等功能）的水壶，以满足消费者的各种需求。

**6. 类比思维：比一比，再推一推**

类比思维也可称为类推方法，在解决问题时是一种行之有效的方法。“类比思维”方法是解决陌生问题的一种常用策略。它让我们充分开拓自己的思路，运用已有的知识、经验将陌生的、不熟悉的问题与已经解决了的问题或其他相似事物进行类比，从而创造性地解决问题。

类比思维的特点包括：第一，它是从特殊到特殊的逻辑过程，在探索经验不足、资料欠缺和其他方法难以奏效之时，它能大显身手，发现特殊事物之间的联系；第二，因为它的对象是特殊事物，而这些事物多数是以真实形象或模型映入脑中，类比方法将其进一步具体化，即为模拟方法。

类比思维有很多种，比如拟人类化，就是把人自身作为创造的理想楷模。例如，制造机器人就是模拟人的某些动作而赋予其人工智能和动作。又如直接类比模拟，将所发生的自然事件或科技成果，直接与创造思路作联系和比较，从而对创造的方式有所启发。例如，人们曾模拟海豚的流线形体型和特殊构造的皮肤，设计出具有流线形外壳和胶质“海豚皮”的潜艇，达到了很高的速度。再比如象征类比，是利用能引起类比联想的样式，表达某种抽象的概念或思想感情。例如，上海博物馆的建筑造型就象征了中国古代哲人“天圆地方”的宇宙观。

## 案例

### 古登堡发明铅活字印刷机

古登堡发明铅活字印刷机的灵感源自两个概念类比。

第一个类比：古登堡居住在德国著名的葡萄酒酿造城市美因茨，当地的葡萄酒制造者使用一种手动操作的垂直螺旋压榨机成规模地榨取葡萄汁。这项技术既节省劳动力成本，又可以大大提高生产效率。古登堡脑海中灵光一闪，他想，如果运用同样的原理，不就可以把印刷机上的墨水一次性“压”到纸上了吗?

第二个类比更具革命性：古登堡的父亲是一名金匠，在当地一家造币厂工作，负责评估硬币的品质。当时的硬币都是本地工匠手工铸造的，所以硬币形状和浮雕都参差不齐。古登堡想，能否把这些流通的硬币真正统一化，把表面的图案换成字母。不同的字母通过特定的组合可以拼出特定的单词。如果大量制造出这些精确的字母块，就可以在印刷机上放置这些字母块，通过不断更换它们的位置就能印出无数文稿。古登堡的这一发明让一个人能完成成百上千抄写员的工作，使用铅活字印刷机迅速降低了印刷成本，促进了知识的传播，打破了罗马天主教会对于西欧的封建神权统治，加速了马丁·路德的宗教改革进程。

**7. 置换思维：变换元素和变换次序**

置换思维也称替代思维，是在思考过程中将目标对象和与之相似、相近、可替代的对象进行交换从而解决问题的思维过程。最简单来说，4 个元素 a、b、c、d 的排列顺序从 a、b、c、d 变为 b、c、d、a，就是一种置换。置换思维法实际上是借用了数学中“置换”的概念，将几个不同的元素从一种排列变成另一种排列，或用其他元素代替某个元素，从而变成新组合的思维方法。从系统论的角度来看，元素被置换或元素排列被改变，即引起了系统结构的变化，从而使整体具有不同的功能。

置换思维法具有发散性特点，但又借助逻辑“置换原则”，符合事物量变引起质变的辩证法，具有普遍有效性。例如，加拿大北部的因纽特人学打电话的例子就是置换思维的成功运用。因纽特人长期过着原始生活，抽象思维水平低，没有数学概念，不会计数，但有很强的形象思维能力。根据这一特点，当地政府在为他们安装电话时，以动物形象置换抽象的阿拉伯数字。例如，以海豹形象代替 1，海象代替 2，鲸鱼代替 3，北极熊代替 4，北极狐代替 5，北极狼代替 6……他们打电话时只要按顺序拨动动物形象键就行，从而解决了因纽特人不识数字不能打电话的难题。

## 测试 15

### 创新思维能力测试

下面是 10 个题目，如果符合你的情况则回答“是”，不符合则回答“否”，拿不准则回答“不确定”（见表 9—2）。

表 9—2　　测测你的创新思维能力

| | 题目 | 答案 | 得分 |
|---|---|---|---|
| 1 | 你认为那些喜欢使用古怪和生僻词语的作家，纯粹是为了炫耀文采 | | |
| 2 | 无论什么问题，要让你产生兴趣，总比让别人产生兴趣要困难得多 | | |
| 3 | 对那些经常做没把握事情的人，你不看好他们 | | |
| 4 | 你常常凭直觉来判断问题正确与否 | | |
| 5 | 你善于分析问题，但不擅长对分析结果进行综合、提炼 | | |
| 6 | 你审美能力较强 | | |
| 7 | 你喜欢不断提出新的建议，却不热衷于说服别人去接受这些建议 | | |
| 8 | 你喜欢那些一门心思埋头苦干的人 | | |
| 9 | 你不喜欢提那些显得无知的问题 | | |
| 10 | 你做事总是有的放矢，不盲目行事 | | |

注：扫描封底二维码，查看测试结果分析。

## 第四节　如何提高创新能力

在职场中，老板经常会抱怨自己的员工只会唯命是从，缺乏自主创新能力。一个企业的进步主要要靠员工的创新和努力工作，如果没有创新就意味着企业将被市场淘汰。同样，不会创新的员工自然也会被社会淘汰。那么如何提高员工及团队的创新能力呢？

第一，要充分利用并发挥每个员工自身的特点。鼓励员工在工作中多创新，而不是磨掉新进员工的棱角，一味地将这些员工“同化”。对员工的创新要多点容忍，接受员工创新可能带来的失败，切忌过早扼杀员工的创新观点和想法。其实新员工在刚被招聘进来时最有可能会给企业带来创新观念，最容易在工作中取得创新成果，但是企业却常常压制这些不同的思想，长此以往，在程式化的日常例行管理与强烈而死板的企业文化感染下，员工那点棱角就会被企业的某种风气同化掉，逐渐和老员工一样失去自身的创新能力。

## 阅读材料

### 激发员工创新能力的妙招

现代职场在面临人工智能即将到来的时代，循规蹈矩、遵章守纪的员工已不再受领导的倚重；而那些工作中充满激情、充满创新、充满爆发力的员工，此时却成了现代职场老板们心目中的宠儿。那么，作为领导，该如何激发下属的创新能力？

（1）让员工对结果负责。这主要是让管理者赋予员工自信，为员工提供平台和锻炼的机会，根据员工的特长设置职位，鼓励员工自己定义自己的角色，让员工独立解决问题，同时承担相对应的责任，并对自己的工作结果负责。

（2）让员工参与决策制定。在日常的企业经营管理过程中，领导者一定要学会引导员工从多角度进行思考，克服员工以自我为中心，鼓励员工敢于说出自己的看法和观点，引导员工敢于在别人和团队面前表达自己的观点。领导者要站在长远管理的角度，积极听取员工的意见和建议，并把员工的建议和意见纳入决策制定的流程中，从而带领员工建立更广阔的、更富有挑战性的战略规划，给员工当家做主的感觉，让员工意识到自己是这个家庭的一分子。

（3）鼓励员工质疑现状。无论企业的规模是大是小，纲领是否完善，在运营过程中总会产生各种各样的问题。面对这些问题，企业领导需要引导、刺激员工，让他们参与企业的制度完善和问题解决过程，并在这个过程中发出自己的声音，贡献出自己的思路，使他们敢于对现状提出合理化的建议，积极地进行思考。同时企业领导应通过公开表扬、给予嘉奖等方式承认员工所做出的贡献，以此培养员工的创新能力，让员工摒除故步自封、目光短浅的打工者思维模式，为企业的基业长青建立高水平、高素质的人才库。

第二，要培养一种鼓励创新的氛围。企业应鼓励各种形式的创新，并减少对员工的各种有意识的、主观的干预行为。例如，减少企业管理者对员工的偏见。经常看到有些领导对某位员工说："那谁谁肯定干不了这事，还是你去吧。"然而可能事实上那位被领导否定的员工从事该工作的能力比领导指派的人更强。所以看待员工一定要一视同仁，公平对待。同时，要减少企业在员工工作中的过度监控行为。当一件工作任务下达后，只需要员工交上满意的结果就行，没有必要在工作的过程中过分监控，在确保安全、合规生产的前提下不一定非要按照制式的流程僵化地完成工作。有很多员工的工作创新就是被这样那样的过分监控给抹杀掉了。

第三，要形成一套有效的激励机制。哈佛大学心理学家威廉·詹姆士在对员工的激励研究中发现，缺乏激励的员工仅能发挥其实际工作能力的20%~30%，因为只要做到这一点就足以保住饭碗。但是受到充分激励的员工，其潜力则可以发挥到80%~90%。人的工作绩效取决于他们的能力和激励水平，用公式表示则是：工作绩效=能力×激励。因此，激励是激发员工自主创新力的催化剂，企业有必要研究建立一个完善的激励机制，保证对员工的"激励"发挥最大的效用。

第四，要开展形式多样的培训活动。在日本，企业员工工作15年中运用到的知识，真正从学校学到的仅占10%，其余90%是在工作和在职培训中得到的。培训是提高员工素质的有效途径，开展以创新为主题的活动也是培养员工自主创新力的佳选。例如，日本丰田汽车工业公司推出了"企业创造设想发明运动"，并在公司设立相应的专门管理组织机构，如"创造发明委员会""创造发明小组"等，负责具体的创造发明活动。通过举办活动，成立协会、俱乐部等形式，员工得以相互学习，增加知识交流与共享，能够最大限度地发挥聚集效应，促进创新思维的开发和创新成果的展现。

第五，要积极推进岗位轮换。岗位轮换的理念就是通过员工轮流从事不同岗位的工作，让员工锻炼多种能力，体验新鲜环境，激发创新思维。在企业中，员工在一个岗位工作时间过长，很容易产生思维定式。思维定式有利于常规思考，但对创新会起到阻碍作用，总是被原有的一套框架所束缚，就难以激发出创新思维和取得新的成果。所以，进行岗位轮换是一种摆脱定式思维、融入创新思维的好方法。例如，日本丰田公司通过“工作轮调”的方式来对员工进行强化创新能力的培训。通过这种方式的培训，丰田不仅将一线岗位的员工培训成多功能作业员，同时也利于一些资深的技术骨干把自己的技能和知识传授给年轻员工，并促使员工在不同岗位轮换中激发出创新的灵感。

## 案例

### 五个“在线”激发员工创造创新力

2018 年 6 月 24 日，在阿里钉钉“新工作方式”发布会上，钉钉 CEO 陈航宣布截至 2018 年 3 月底，钉钉上的企业组织数量已经超过 700 万家，钉钉正以绝对的用户体量优势领跑智能移动办公市场。

陈航还结合钉钉软硬件的一体化，定义了一个全新的概念——“新工作方式”，其“灵魂”来自公正透明。“新工作方式”依托于五个“在线”，即组织在线、沟通在线、协同在线、业务在线、生态在线。陈航说，五个“在线”带来的新工作方式，让组织里优秀的个体脱颖而出，它能够激发出每个人的创新力，集体因此变得更优秀。如果用一个词来描述钉钉“新工作方式”的管理思想，那就是透明管理，让每一个人的优秀可以被大家看到。

### 1. “组织在线”是核心基础

陈航指出，“组织在线”是核心基础，强调的就是组织关系的在线化，依托构建权责清晰、扁平可视化、人脉资源共享几方面来开创全新的工作方式。以复星集团IT部为例，通过钉钉，它一手搭建了整个复星集团投后产业链的资源共享平台，不仅实现了企业内外的人脉资源共享、IT资源共享、服务资源共享，更是为集团成功孵化出新公司。

### 2. “沟通在线”实现高效沟通

“沟通在线”则是指组织成员在一个安全环境中能够实现高效沟通，相互尊重，实现工作生活分离。有一个专属的沟通工作的在线场景，不仅能够随时获取联系，也避免了在个人社交软件上交流工作所引发的种种问题。专业的办公沟通软件无疑免去了他们对安全性以及方便程度方面的担忧。大润发董事长黄明端介绍说，大润发上海闸北店有300多员工，店员和导购以前找同事都要一个一个输入电话，加好友，再进行沟通，或者是在卖场里满场跑。“卖场有2万多平方米，找个人跑来跑去，腿都跑细了。”现在大润发员工只要在手机上的钉钉通讯录中搜索一下想要找的同事的名字，3秒就可以直接找到同事，不用加好友就可以发消息、打电话。而且钉钉的已读未读功能非常方便，节省了大量时间成本。以前在个人社交软件群里发个通知，200人的群，每人回复一个“收到”，大量的重复无效信息就这样产生。钉钉的已读未读功能，直接减少了80%的无效信息。

### 3. “协同在线”加速组织变革

据陈航介绍，“协同在线”是指组织成员在线实现业务上的协同工作，各个任务管理之间能够相互支持。对此，康帕斯CEO史楠深有体会地表示：“通过钉钉的沟通在线和协同在线，不仅帮助我们实现了反应快、决策快、落地快、推动快，更促进了我们员工拥抱变化能力、执行力、创新力的全面提升，加速了我们在互联网时代的快速组织变革。”

#### 4. “业务在线”实现业务升级

“业务在线”，则是从业务流程和业务行为的数据化、智能化和移动化入手，增强企业的大数据决策分析能力。国产护肤品牌林清轩在接入钉钉的“智能导购”后，实现钉钉和手机淘宝打通，门店店员通过钉钉就能发送导购信息到会员淘宝上，客户打开手淘就能看见。线上线下会员系统打通，通过智能导购，即使是导购在门店招募的会员，无论在天猫或线下复购，导购都可以得到佣金提成。现在，林清轩会员招募效率提升30倍，以前3年发展会员40万，现在3个月积累100万，企业销量也提升了3倍，导购人均业绩增加了1倍，这些都是“业务在线”赋能后释放出的强大能量。

#### 5. “生态在线”实现智能决策

陈航介绍说，所谓生态在线，意为实现以企业为中心的上下游和客户都实现在线连接。通过这种手段，数据化、智能化、移动化产生的大数据将驱动生产销售效率的不断优化提升，以人为本的透明管理将激发生态体系中的每一个人的创新力。“对于大润发来说，我们开始在新零售的跑道上奔跑，而传统的工作方式已经无法满足这条新跑道。”大润发董事长兼CEO黄明端理解的新零售，必须要随时随地满足消费者需求，通过技术和数据改造人、货、场之间的关系，提供线上线下一体化的服务，实现线上线下的“共振”。要随时随地满足消费者需求，首先要求内部员工的工作方式必须是高效的、透明的。“幸运的是，我们找到了钉钉这双新跑鞋。”

从2018年1月开始，大润发超过20万的员工和导购都通过钉钉实现了高效沟通和透明化管理，员工创新创造力高涨。钉钉帮大润发实现了组织能力的变革，通过业务、数据的在线化，将大润发的人财物连接在一起。未来，大润发的经营数据、供应链数据，都能通过钉钉数据分析工具，实现企业的智能、高效决策。陈航表示：“专注于办公场景的钉钉，正努力让工作中的所有信息协同化、透明化，由此打造一个极致透明、公平公正的环境，让每个人的创造创新力得到迸发，从而带来无穷的创造创新力，推动企业乃至国家的创造创新。这就是我们‘新工作方式’的灵魂所在。”

不仅如此，2018 年 11 月 8 日，在第五届世界互联网大会上，钉钉创始人陈航发表演讲时说，传统企业就像绿皮火车，一个车头带着一堆车厢走；数字化企业像动车组，每一个员工都在提供动力——每一个员工都是企业的所有者。陈航表示，数字化企业驱动的是企业中的每一个人，驱动其贡献创造性和创新力，而传统企业通过管控的方式来提升效率，而非激发创造力。

## 职业活动训练

### 1. 画出一道美丽的风景线

一笔将图 9—7 所示的 10 个黑点连接起来，画出一道美丽的风景线。尽可能使自己连接出的结果富有意义。

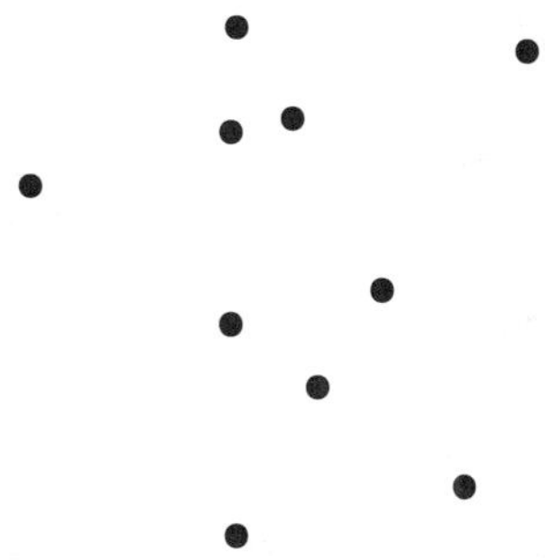

图 9—7　10 个黑点

### 2. 平分正方形

任意画一个正方形，将其分为四个部分，即 A、B、C 和 D 四个小的正方形，然后将其中的 A、B、C 三个小正方形的 1/4 的部分再涂成阴影部分，如图 9—8 所示。

然后按如下要求对下面的正方形再进行平分。

(1) 将小正方形 A 中未被涂成阴影的部分平分成形状相同且面积相等的两

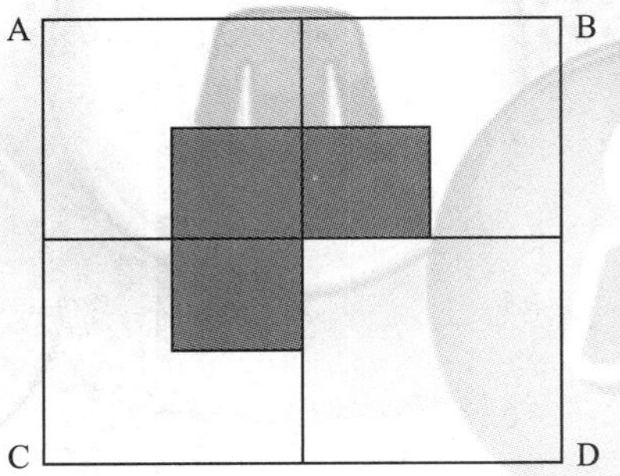


图 9—8　平分后的正方形

部分。

（2）将小正方形 B 中未被涂成阴影的部分平分成形状相同且面积相等的三部分。

（3）将小正方形 C 中未被涂成阴影的部分平分成形状相同且面积相等的四部分。

（4）将小正方形 D 中未被涂成阴影的部分平分成形状相同且面积相等的七部分。

## 思考题

1. 发挥你的想象力，说出曲别针一共有多少用途。

2. 假如你有 10 棵树苗，要种成 5 排且每排必须是 4 棵，请问怎么种？

3. 一架波音 737 飞机有多重？一架波音 747 飞机可以装下多少个高尔夫球？

# 参考文献


1. 张云霞. 职业素养实践教育［M］. 北京：中国人民大学出版社，2018.

2. 张云霞. 职业素养养成教育［M］. 北京：中国人民大学出版社，2017.

3. 许琼林. 职业素养［M］. 北京：清华大学出版社，2016.

4. 石邦宏. 职业素养［M］. 北京：金城出版社，2018.

5. 王志杰等. 职业素养基本训练［M］. 北京：中国劳动社会保障出版社，2015.

6. 杜永关. 核心职业素养［M］. 北京：冶金工业出版社，2017.

7. 许湘岳等. 职业素养教程［M］. 北京：人民出版社，2014.

8. 李纯青等. 职业素养开发与训练［M］. 北京：清华大学出版社，2018.

9. 吴朝辉等. 职业素养训练［M］. 北京：中国水利水电出版社，2016.

10. 吕国荣. 一流员工的十大职业素养［M］. 北京：中国纺织出版社，2014.

11. 杨萍. 职业素养［M］. 北京：人民交通出版社，2017.

12. 金琰. 职业素养［M］. 北京：机械工业出版社，2016.

13. 郑瑞涛. 职业素养训练［M］. 北京：清华大学出版社，2015.

14. 彭新宇等. 职业素养的诊断与提高［M］. 北京：电子工业出版社，2018.

15. 尤君. 职业素质养成［M］. 北京：化学工业出版社，2017.

16. 范文亚等. 职业素质训练［M］. 北京：中国水利水电出版社，2014.

17. 陈川雄. 职业素质拓展［M］. 北京：高等教育出版社，2014.

18. 曹建华. 职业素质教育［M］. 北京：国防工业出版社，2015.

19. 丁霞等. 职业素质教育［M］. 北京：中央广播电视大学出版社，2014.

20. 魏星等. 高等院校学生职业素质教育理论与实践［M］. 重庆：西南师范大学出版社，2016.

21. 潘燕. 高职学生职业素质修炼［M］. 杭州：浙江大学出版社，2015.

22. 霍彧. 现代职业人——职业素质训练教程［M］. 苏州：苏州大学出版社，2018.

23. 刘璋. 员工职业化修养［M］. 北京：经济管理出版社，2015.

24. 刘凤芹. 沟通能力训练［M］. 北京：科学出版社，2010.

25. 苗杰. 职业沟通能力提升实训教程［M］. 北京：中国轻工业出版社，2016.

26. 付伟. 团队建设能力培训全案［M］. 北京：人民邮电出版社，2014.

27. 人力资源和社会保障部国家职业技能鉴定中心. 自我学习能力训练手册［M］. 北京：人民出版社，2011.

28. 理查德·保罗. 如何提高学生的学习能力［M］. 北京：外语教学与研究出版社，2016.

29. 张祥斌. 全方位提高学习能力的游戏［M］. 北京：清华大学出版社，2018.

30. 张洪英. 学习能力训练［M］. 北京：机械工业出版社，2018.

31. 张岩松. 新编自我学习能力训练［M］. 西安：西安电子科技大学出版社，2017.

32. 张光照. 高职院校学生学习能力评价的理论与实践［M］. 北京：中国纺织出版社，2014.

33. 李志河. 我国高职院校学生学习能力评价及培养研究［M］. 重庆：重庆大学出版社，2015.

34. 刘爱东. 大学生创新能力提升研究与实践［M］. 北京：经济科学出版社，2012.

35. 刘明亮. 高等教育管理与大学生创新能力培养研究［M］. 北京：科学技术文献出版社，2018.

36. 姜丽华. 学生创新能力培养与教师文化构建［M］. 北京：中央编译出版社，2016.

37. 李士等. 创新能力训练和测验［M］. 合肥：中国科学技术大学出版社，2008.

38. 翟松辉. 创新能力训练［M］. 北京：北京师范大学出版社，2013.

39. 鲁克德. 500强企业面试题与面试流程全纪录［M］. 南昌：江西人民出版社，2017.

40. 彭洁等. 面试突围——世界500强企业200套经典面试题［M］. 深圳：海天出版社，2007.

41. 陈涛涛. 世界500强企业面试笔试攻略［M］. 北京：中国法制出版社，2015.

42. 高杉尚孝. 麦肯锡问题分析与解决技巧［M］. 北京：时代华文书局，2014.

43. 张俊娟. 问题解决能力培训全案［M］. 北京：人民邮电出版社，2014.

44. 人力资源和社会保障部国家职业技能鉴定中心. 解决问题能力训练手册［M］. 北京：人民出版社，2011.

45. 汪颜. 3个月成为职业化员工［M］. 北京：石油工业出版社，2011.

46. 余世维. 赢在职业化［M］. 北京：中华工商联合出版社，2011.

47. 姜荀. 职业化［M］. 北京：经济管理出版社，2009.

48. 唐渊. 职业化员工［M］. 北京：中华工商联合出版社，2008.

49. 王坤. 职业人进化七项修炼［M］. 北京：世界知识出版社，2008.

50. 付述信. 职业化团队五项管理［M］. 北京：中国财富出版社，2012.

51. 白智慧. 企业员工职业化素养手册［M］. 北京：北京工业大学出版社，2011.

52. 李家强. 职业化员工必修的 10 堂课［M］. 北京：机械工业出版社，2008.

53. 周永亮. 我是职业人：职业人的 10 项行为准则［M］. 北京：机械工业出版社，2007.

54. 张俊英. 岗前职业素养培训教材——做合格的职业人［M］. 北京：电子工业出版社，2011.

55. 邢桂平. 为公司着想：打造优秀职业人［M］. 北京：中国华侨出版社，2007.

56. 张先勇. 多替公司想想：优秀职业人的行为准则［M］. 武汉：武汉大学出版社，2006.

57. 林正刚. 正能量：职业经理人的养成［M］. 杭州：浙江人民出版社，2012.

58. 张文. 做最好的职业经理人［M］. 福州：鹭江出版社，2013.

59. 金虎男. 点亮心灯——培养健康职业心态［M］. 北京：中国电力出版社，2012.

60. 陈龙海，李忠霖. 职业心态训练［M］. 北京：北京师范大学出版社，2008.

61. 张新越. 职业情商：工作中最重要的必修课［M］. 北京：红旗出版社，2013.

62. 龚晓路等. 员工职业素养培训：世界著名企业内训教程［M］. 北京：

中国发展出版社，2012.

63. 张婧. 情商左右你的职业生涯［M］. 北京：朝华出版社，2010.

64. 包季鸣. 领导力与职业责任［M］. 上海：复旦大学出版社，2012.

65. 李建立. 工作就是责任［M］. 北京：机械工业出版社，2009.

66. 陈浩. 职业精神［M］. 北京：中华工商联合出版社，2010.

67. 郝凤茹. 缺什么别缺职业精神［M］. 广州：广东经济出版社，2010.

68. 郝凤茹. 职业精神［M］. 北京：北京大学出版社，2005.

69. 王世滨. 世界超强的职业精神［M］. 北京：中国纺织出版社，2012.

70. 小宫一庆. 一流力［M］. 北京：中华工商联合出版社，2011.

71. 稻盛和夫. 活法［M］. 曹岫云，译. 北京：东方出版社，2005.

72. 王丹. 哈佛情商课［M］. 北京：中国致公出版社，2011.

73. 张永生. 西点军校情商训练课［M］. 北京：印刷工业出版社，2013.

74. 谭春虹. 哈佛逆商课：献给奋斗中的你［M］. 北京：人民邮电出版社，2013.

75. 郎世荣. 适应力：世界如此险恶，你要学会适应［M］. 北京：电子工业出版社，2012.

76. 郎世荣. 适应力：变革时代的生存法则［M］. 北京：电子工业出版社，2013.

77. 彭剑锋，荆小娟. 员工素质模型设计［M］. 北京：中国人民大学出版社，2003.

78. 赵琛微. 员工素质测评［M］. 深圳：海天出版社，2003.

79. 李才俊. 大学生创新能力培养新探［M］. 重庆：重庆出版社，2006.

80. 温亚震. 职业经理人变革创新能力训练［M］. 北京：机械工业出版社，2013.

81. 丹尼尔·戈尔曼. 情商：为什么情商比智商更重要［M］. 杨春晓，译.

北京：中信出版社，2018.

82. 丹尼尔·戈尔曼. 情商（实践版）：新发现——“从情商更重要”到如何提高情商［M］. 杨春晓，译. 北京：中信出版社，2018.

83. 弓健. 情商决定命运［M］. 上海：上海科学普及出版社，2012.

84. 陈一鸣. 硅谷最受欢迎的情商课［M］. 北京：中信出版社，2013.

85. 刘洁. 人生必修的逆商课［M］. 北京：中国纺织出版社，2011.

86. 卢海东. 左手情商，右手逆商［M］. 哈尔滨：哈尔滨出版社，2010.

87. 彼得·德鲁克. 管理：使命、责任、务实（责任篇）［M］. 王永贵，译. 北京：机械工业出版社，2009.

88. 颜世富. 适应管理［M］. 北京：机械工业出版社，2008.

89. 张笑恒. 哈佛逆商课：最有效的高 AQ 养成法则［M］. 武汉：武汉出版社，2012.

90. 徐颖，徐向阳. 学习能力——国家公务员九项能力培训系列教程［M］. 北京：人民出版社，2005.

91. 余伟. 创新能力培养与应用［M］. 北京：航空工业出版社，2008.

92. 刘爱东. 大学生创新能力提升研究与实践［M］. 北京：经济科学出版社，2012.

93. 胡秀霞. 团队合作能力训练［M］. 北京：北京师范大学出版社，2013.

94. 邓银银. 激励理论下的唐僧团队［J］. 观察与评析，2013（12）.

95. 杨长军等. 提升职业经理人变革创新能力的价值与方法［J］. 中国市场，2012（9）.

96. 吴嘉茵. 修炼情绪之上铺平职场道路——杜拉拉职场成功秘诀探究［J］. 秘书，2012（1）.

97. 龚鉴瑛. 关于职业责任的几点思考［J］. 江西社会科学，2005（5）.